**ADAC** Reiseführer

W0058575

Gardasee

Verona Brescia Trento

von Max Fleschhut und Gottfried Aigner

 ADAC Top Tipps

Das müssen Sie gesehen haben!
Die zehn Top Tipps bringen Sie
zu den absoluten Highlights.

 ADAC Empfehlungen

Unterwegs gut beraten: Diese
25 ausgesuchten Empfehlungen
machen Ihren Urlaub perfekt.

Preise für ein DZ mit Frühstück:
€ | bis 120 €
€€ | bis 180 €
€€€ | ab 180 €

Preise für ein Hauptgericht:
€ | bis 12 €
€€ | bis 18 €
€€€ | ab 18 €

■ Intro

■ ADAC Quickfinder

*Hier finden Sie die Orte, Sehenswürdig-
keiten und Attraktionen, die perfekt zu
Ihnen passen.*

■ Unterwegs

▮ Service

Gardasee von A–Z 124

*Alle wichtigen reisepraktischen
Informationen – von der Anreise
über Notrufnummern bis hin zu
den Zollbestimmungen.*

Zu diesen Orten und Sehenswürdigkeiten finden Sie Detailkarten im Innenteil des Reiseführers.

Umschlag:

 ADAC Top Tipps: Vordere
Umschlagklappe, innen ❶

ADAC Empfehlungen: Hintere
Umschlagklappe, innen ❷

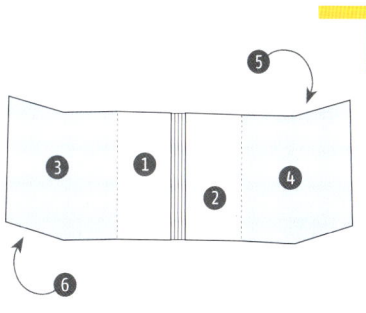

Übersichtskarte Gardasee Nord:
Vordere Umschlagklappe, innen ❸
Übersichtskarte Gardasee Süd:
Hintere Umschlagklappe, innen ❹

Stadtplan Verona: Hintere
Umschlagklappe, außen ❺
Drei Tage am Gardasee: Vordere
Umschlagklappe, außen ❻

Der Gardasee – Italien von seiner schönsten Seite

Zwischen Alpen und Po-Ebene, zwischen Badespaß und Bergpanorama: Der Gardasee vereint das Beste aus vielen Welten

Idylle pur am kleinen Fischerhafen von Limone, das sonst sehr touristisch ist

Der Gardasee ist gewissermaßen das Ur-Italienziel der Deutschen. In den 60er-Jahren ging es los: Das Geld reichte für das Benzin, die PS des VW Käfers für den Weg über die Alpen. Anfangs waren die Einheimischen noch überrascht und richteten in aller Eile Campingplätze ein, um die Teutonen mit ihren Zelten zu beherbergen. Längst hat sich der Gardasee auf den nicht abreißenden An-sturm aus Norden eingestellt und in Sachen touristischer Infrastruktur einen hohen Standard etabliert: Campingplätze findet man nach wie vor zur Genüge, aber auch Hotels von der einfachen Pension bis zur Luxusresidenz. Dort sowie in Informationsbüros kann man sich mit Broschüren und Flyern diverser Sehenswürdigkeiten und Aktivitäten regelrecht eindecken. Und die Ortskerne vieler Dörfer sind ein quirliges Gassengewirr mit unzähligen Shops und Eisdielen. Bemerkenswerterweise hat der typisch italienische Charme darunter weniger gelitten, als man denken mag. Billigsouvenirs und fliegende Händler sind jedenfalls erfreulich rar.

Auf, an und um den See kann man so ziemlich alles machen, was unter Was-

ser- und Outdoorsport fällt: Baden, Surfen, Segeln, Klettern, Wandern, Gleitschirmfliegen oder Mountainbiken. Familien toben sich zusätzlich gerne in Vergnügungsparks aus. Zudem empfangen unzählige Restaurants und Cafés die Gäste mit kulinarischen Italoklassikern, vor allem aber auch regionaltypischen Spezialitäten, je nachdem, ob man sich im Trentino-(Südtiroler), Venetien- oder Lom-

bardei-Teil des Sees aufhält. Von dieser regionalen »Dreifaltigkeit« profitiert nicht nur der Gaumen, sondern auch der Geist: Im Nordosten erwartet die Stadt Trento (Trentino), im Südosten Verona (Venetien) und im Südwesten Brescia (Lombardei) den Besucher mit einer besonders hohen Dichte an kulturellen und architektonischen Attraktionen in Form von historischen Palazzi, Kirchen und Museen.

Uraltes Sehnsuchtsziel

Verwundern muss die heutige Beliebtheit des Gardasees als Erholungsort eigentlich nicht. Im 1. Jh. n. Chr. errichte-

Die Surfer haben rund um Torbole ihr Revier (unten) – Die Isola del Garda ist immer einen Besuch wert (ganz unten)

Coro delle Monache im Museo di Santa Giulia in Brescia (oben) – Die Seepromenade von Torri del Benaco (Mitte) – Oldtimer-Rallye Mille Miglia (unten)

di Brenzone von der Punta di San Vigilio als »dem schönsten Ort der Welt«. Im Jahr 1786 nahm Goethe während seiner »Italienischen Reise« gerne einen Umweg in Kauf, um sich die »herrliche Naturwirkung« des Gardasees nicht entgehen zu lassen. 1921 erschuf sich ein weiterer Dichter, Gabriele D'Annunzio, in Gardone Riviera mit dem Vittoriale degli Italiani ein skurriles Domizil. In den 1980ern fand Künstler André Heller in einem Garten im selben Ort seine Wahlheimat. 1873 hatte Albert von Habsburg mit dem Parco Arciducale in Arco bereits einen ähnlichen gartenförmigen Traum verwirklicht. Dass man es sich hier auch ohne eigene Residenz gut gehen lassen kann, beweisen weitere prominente Gardasee-Fans wie Thomas Mann, Sigmund Freud, Winston

te sich ein römischer Patrizier in Sirmione eine Villa, die heutige Promiwohnsitze blass aussehen lässt. Mitte des 16. Jh. schwärmte der Dichter Agostino

Churchill, Maria Callas und Prince Charles.

Verewigte Herrschaftsgeschichte

Überhaupt hat der See historisch gesehen viel erlebt: Römer, Goten, zeitweise sogar die Hunnen unter Attila, des weiteren Langobarden, Franken, Skaliger und Venezianer zählten zu seinen Herrschern und prägten die Architektur der Dörfer und Städte. So sind die Spuren dieser Völker bis heute anzutreffen: die der Römer etwa in Form von archäologischen Ausgrabungen und antiken Bauten, die der Skaliger in Gestalt etlicher Burgen, die der Venezianer als elegante Paläste. Wem das in Sachen Kultur nicht genügt, kann Kirchen aller Epochen und Museen jeglicher Couleur besuchen. Der Genuss großer Kunst bleibt dabei nicht einmal auf die Städte beschränkt. Nahezu jedes Dorf am und auch abseits des Sees glänzt mit seinem eigenen architektonischen, malerischen oder bildhauerischen Juwel.

Halb alpin, halb mediterran

Was den »Bènaco« – so der antike Name des Sees – so reizvoll macht, ist nicht zuletzt seine Lage unmittelbar hinter den Alpen. Salopp gesagt muss man nur einmal über die Berge, und schon ist das Wetter wärmer, die Menschen freundlicher, der Wein besser – kurz gesagt: Schon ist man in Italien. Tatsächlich liegt der schmale Nordteil des Sees noch in den Alpen und der breite Südteil schon in der Po-Ebene. Der Gardasee schlägt somit eine Brücke zwischen alpiner und mediterraner Welt. Das zeigt sich unter anderem an der Vegetation: In den höheren Lagen sind Edelweiße oder Kastanienbäume anzutreffen, in den flacheren Ölbäume, Weinreben und Zitrusbäume.

Nur wenige Boote finden Platz im kleinen Hafen der Skaligerburg von Sirmione

Dieser ambivalente Charakter ist der Grund, warum sich Badegäste und Weinkenner hier ebenso wohlfühlen wie Bergwanderer und Mountainbiker.

> *Wie sehr wünschte ich meine Freunde einen Augenblick neben mich, dass sie sich der Aussicht erfreuen könnten, die vor mir liegt.*
>
> Johann Wolfgang von Goethe, als er 1786 den Gardasee erblickte

Die prägnante, lang gezogene Form des Sees rührt von seiner Entstehungsgeschichte her, die er mit den anderen oberitalienischen Seen – der Gardasee ist der größte von ihnen – teilt: In der Eiszeit bedeckten Gletscher die Berge und schürften mit ihrer Bewegung tiefe Täler aus. Als das Eis taute, ließ es genug Wasser in diesen Tälern zurück, um riesige Seen zu bilden, darunter auch den 346 m tiefen Gardasee. Nur der Monte Baldo am Nordostufer ragte merkwürdigerweise stets aus dem Eis hervor, wodurch sich endemische Pflanzenarten entwickelten. Die Monte-Baldo-Segge und die Baldo-Anemone wachsen deshalb ausschließlich hier.

Aha-Erlebnisse im Hinterland

Direkt am Ufer des Sees ist die Touristendichte verständlicherweise am höchsten, reiht sich doch ein Strand an den nächsten und ein hübsches Dorf an das andere. Seit dem Jahr 1931 führt die Straße Via Gardesana nahezu um den ganzen See herum, sodass man

Veronas Piazza Brà prunkt mit der römischen Arena und einer breiten Flaniermeile

sogar ohne genauen Reiseplan mit dem Auto aufs Geratewohl losfahren kann und quasi automatisch durch die Orte am Ufer geführt wird. Die »Pampa drum herum« sollte man aber keinesfalls unterschätzen: Erstens, weil sich dort weniger Touristen tummeln, zweitens weil man von den Anhöhen sensationelle Panoramablicke auf den Gardasee hat, und drittens, weil es überraschend viel zu entdecken gibt. Bisweilen wundert es, dass sich auch nach Jahrzehnten der Touristenstrom noch nicht gleichmäßig im Dreieck Trento-Verona-Brescia verteilt hat und auch Gardaseekenner immer wieder neue Entdeckungen machen. Das kann eine Burg im Sarcatal nördlich des Sees sein, ein Dorffest im lombardischen Hinterland oder eine Weinhandlung im Etschtal.

Größte Städte Die Provinzhauptstädte Trento, Verona und Brescia

Einwohnerzahl Rund 170 000 leben unmittelbar am See.

Tourismus Der See zieht Badegäste und Outdoorsportler an, vor allem aus Deutschland, aber auch italienische Wochenendgäste aus den umliegenden Städten.

Religion Überwiegend römisch-katholisch

Verwaltung Der Nordteil gehört zur Region Trentino-Südtirol, das Ostufer zu Venetien, das Westufer zur Lombardei.

Wichtigste Wirtschaftszweige Tourismus steht an erster Stelle, an zweiter die Landwirtschaft, davon vor allem der Wein-, ferner der Olivenanbau.

Meist zitierter Gardesaner Gabriele d'Annunzio, geb. 1836 in Pescara, gest. 1938 in Gardone Riviera, Vorreiter des italienischen Faschismus, aber begnadeter Dichter und Schriftsteller, hinterließ in Gardone das Vittoriale degli Italiani.

Das lieben die Gardesaner Zum Aperitif Spritz im Osten, Pirlo im Westen und alle zusammen die rosafleischige Gardaseeforelle.

Zur Begrüßung sagen sie im Osten »Salve«, im Westen »Bon dì«.

Das will ich erleben

Zum Sonnenbaden und Schwimmen muss man am Gardasee wohl niemanden auffordern. Dass kulinarische Spezialitäten aus drei Regionen verkostet werden wollen, ist auch kein großes Geheimnis. Dass es aber in dem Gebiet Thermalquellen, Dinosaurierspuren und einen 100 m hohen Wasserfall gibt, ist wohl nicht jedem Urlauber bewusst. Und das ist noch längst nicht alles: Von Naturerlebnissen und Sportangeboten über Museen und Dorfjuwelen bis zu regionaltypischen Einkaufsmöglichkeiten und Abenteuern für Kinder ist für nahezu jeden das Passende dabei.

Beeindruckende Landschaften

Der Gardasee vereint so reizvolle Naturerlebnisse wie die endemische Flora auf dem Monte Baldo, die von steilen Felsen gesäumte Bucht von Riva und die gespenstische Schlucht der Cascata del Varone. Und der Lago di Toblino macht seinem »großen Bruder« Konkurrenz.

Badespaß

An Dutzenden von Stränden lässt es sich herrlich baden. Manche von ihnen sind jedoch besonders schön, wie die Baia delle Sirene, der Lido Cappuccini und die Strände Spiaggia Sabbioni und Spiaggia dei Pini in Riva.

Sportliche Erkundungen

Aktivurlauber können sich z. B. beim Surfen und Stand-up-Paddeln in Torbole oder am Lago d'Idro austoben, beim Wandern durch den Parco delle Cascate oder beim Fahrradfahren auf dem Basso-Sarca-Radweg.

Entspannung

Trotz überbordendem Freizeitangebot kommt man am Gardasee leicht zur Ruhe – etwa beim Thermalbaden in Lazise oder Sirmione oder beim Schlendern durch die exotische Pflanzenwelt des Parco Arciducale, die schon der österreichische Adel zu schätzen wusste.

Bilderbuchdörfer

Auf den Status des schönsten Dorfs an und um den See gibt es viele Anwärter. Torri del Benaco, Valeggio sul Mincio, Limone und Sirmione sind aber dank ihrer Lage oder ihrer Stadtbilder auf jeden Fall unter den Favoriten.

Stattliche Burgen

Das Kastell von Malcesine, die Festungsstadt Peschiera del Garda, das Castel Toblino oder die im Wasser gelegene Burg von Sirmione zeugen von der Pracht alter Zeiten.

Außergewöhnliche Kirchen

Kunsthistorisch Interessierte freuen sich über beeindruckende Sakralbauten jeglicher Epochen, zum Beispiel in Verona, Salò oder Brescia. Im Vallagarina erwartet sie sogar eine steil am Fels gebaute Wallfahrtskirche..

Interessante Museen

Das MART in Rovereto zeigt moderne Kunst und ist zugleich selbst ein Kunstwerk, das Museo di Santa Giulia beherbergt in einem Kloster Werke aus 2000 Jahren Brescianer Stadtgeschichte, und das Museo delle Palafitte zeigt, wie sich die Siedler der Bronzezeit mit Pfahlbauten vor Feinden und wilden Tieren schützten.

Gaumenfreuden

Die typischen Leckereien aus Trentino, Venetien und der Lombardei zu probieren gehört selbstverständlich zu einem Besuch am Gardasee. Und erst die speziellen Weine, die ringsum gedeihen.

Lokaltypisch einkaufen

Kleine Läden in den Orten bieten Verlockendes, etwa mit Liebe zusammengestellte Kaffeemischungen (Omkafè), hochqualitatives Olivenöl (Cooperativa Agricola Possidenti Oliveti) oder regionale Feinkost (Paolo Market). In vielen Weinkellereien kann man direkt einkaufen.

Kindgerechte Abenteuer

Familien mit Kindern wird es garantiert nicht langweilig. Sie können in Lazise Vergnügungsparks erobern, bei Torri del Benaco klettern, im Vallagarina Dinosaurierspuren entdecken oder im Wasserpark in Lonato herumtollen.

Unterwegs

*Allein das Azurblau des Wassers versetzt uns schon in Urlaubs-
stimmung. Der Gardasee – hier mit der Isola del Garda – bietet
alles, was man sich von einem perfekten Italienurlaub erhofft*

Ostufer und Verona

Bei einer Fahrt am Ostufer des Sees entlang erlebt man die ganze Bandbreite zwischen alpinem und mediterranem Flair

ADAC Top Tipps:

1 **Castello Scaligero, Malcesine**
| Burg |
Die vielleicht schönste der markanten Skaligerburgen am See. Die aus dem 13. Jh. stammende Festungsanlage besticht durch ihre Architektur, den großartigen Ausblick über den See von der Aussichtsplattform des Turms und mehrere Museen. 20

2 **Punta di San Vigilio**
| Halbinsel |
Nicht umsonst wurde die Landzunge als der »schönste Ort der Welt« bezeichnet. Die »San-Vigilio-Spitze« schiebt sich 2 km in den See hinein und bietet mit einem Gebäudekomplex aus alter Villa, Locanda und Kirche das perfekte Idyll. 26

3 **Arena di Verona**
| Amphitheater |
Das antike Amphitheater ist eine der bekanntesten Freiluftbühnen der Welt und bietet bis heute 22 000 Zuschauern bei Opern und Konzerten Platz. 45

Die Brennerautobahn A22, die durch das Etschtal rechts am Gardasee vorbeiführt, macht das gesamte Ostufer zum leicht zugänglichen Ziel für alle von Norden kommenden Gäste. Unmittelbar am Seeufer führt zudem die Via Gardesana entlang. Während am Nordufer bis ca. zur »Mitte« noch die steilen Felswände des Monte-Baldo-Massivs die Landschaft bestimmen, wird die Atmosphäre Richtung Süden stetig mediterraner – Weinreben und Ölbäume bestimmen das Landschaftsbild. In der südöstlich des Sees gelegenen Stadt Verona kann man sich dann ganz dem Kulturgenuss hingeben oder auf italienisch-elegante Art shoppen.

In diesem Kapitel:

ADAC Empfehlungen:

 Alla Fassa, Brenzone sul Garda
| Restaurant |
Aufgrund der Qualität der schnörkel-
losen Küche womöglich das beste
Fischrestaurant am Gardasee. 22

 Cantina ZF4, Lazise
| Vinothek |
Weinhandlung einer Winzerfamilie
mit Probierkeller aus dem 13. Jh. mit-
ten im Stadtzentrum. 32

 Valeggio sul Mincio
| Dorf |
Am Fluss gelegenes Idyll und angebli-
cher Geburtsort der Tortellini, die man

sehr authentisch in vielen Restaurants
genießen kann. 36

 Giardino Giusti, Verona
| Park |
Einer der schönsten italienischen
Renaissancegärten mit von Zypressen
gesäumten Alleen, Steinskulpturen
und Brunnen zwischen akkurat ge-
pflegten Hecken. 49

 **Aktivhotel Santa Lucia,
Torbole**
| Hotel |
Hotel, das Ausrüstung verleiht und
Kurse anbietet für Mountainbiker,
Kletterer, Surfer und andere Outdoor-
sportler. 50

17

Ankommen und ab ins Wasser: Torbole bietet sich als erster Badestopp an

1 Torbole

Erster Badeort und der Windsurfer-Hotspot am See schlechthin

ℹ️ Information

■ Ufficio Informazioni, Lungolago Conca d'Oro 25, 38069 Torbole, Tel. 0464/505177, www.gardatrentino.it

Wenn der Gardasee das Tor zum Süden ist, ist Torbole der Schlüssel dazu: Fast direkt an der Autobahnausfahrt »Lago di Garda Nord« gelegen, ist der Ort traditionell der erste Stopp für die von Norden kommenden Autofahrer. Hier genießt man den ersten Cappuccino am Ufer, das erste Bad im See und die erste Prise italienischen Lebensgefühls. Outdoorsportler wissen die felsi-

ge Umgebung der Gemeinde zu schätzen. Vor allem aber ist Torbole wegen günstigen Windes der Surfspot schlechthin am Gardasee. Auch für Nichtsurfer sind die vielen bunten Segel auf der Wasseroberfläche vor der Bergkulisse ein Foto wert. Der höher gelegene Ortsteil Nago zieht so gut wie keine Touristen an, bietet aber sehr schöne Blicke über den See.

Sehenswert

Piazza Vittorio Veneto
| Platz |
Der Kern des historischen Dorfkerns mit auf der einen Seite Restaurant, Bar und Hotel Centrale und – viel wichtiger – auf der anderen Seite der Casa Alberti. Eine Gedenktafel am Bogengang des grünen Hauses erinnert an

Goethes Besuch 1786. »Heute habe ich an der Iphigenie gearbeitet, es ist im Angesichte des Sees gut vonstatten gegangen«, wird der Dichter zitiert.

 Parken

Rund um die Innenstadt verteilen sich sieben Parkhäuser mit Parkleitsystem (1,50 €/Std., 0,70 € jede weitere).

 Restaurants

€ | **Al Porto** Die großen, üppig belegten Pizzen sind das Highlight. ■ Piazza Goethe 18, Tel. 0464/548884, www.pizzeriaalportotorbole.it, Di geschl.

 Kneipen, Bars und Clubs

Wind's Bar Der Szenetreff für Surfer und junge Leute allgemein, ob auf einen Drink, Snack, Kaffee oder auch zum Frühstück. ■ Via Matteotti, Tel. 0464/505232, www.windsbar.com, tgl. 7.30–2 Uhr, Di geschl.

 Sport

Surfcenter Lido Blu Windsurf-Kurse und Verleih von Ausrüstung von April bis Oktober. ■ Via del Sarca Vecchio 39, Tel. 0464/505931, www.surflb.com, tgl. 9–18 Uhr

 In der Umgebung

Marmitte dei Giganti
| Felsformation |
Bei den »Kesseln der Riesen« handelt es sich um gewaltige Löcher im Gestein, sogenannte »Gletschermühlen«. Während der Eiszeit hat sie der Gletscher mittels mittransportierten Felstrümmern ausgehöhlt. Vom Parkplatz

Im Blickpunkt

Mit Schiffen über die Berge

Anfang des 15. Jh. ging Torbole durch eine spektakuläre Militäraktion in die Geschichte ein: Die Venezianer befanden sich im Krieg mit den Mailändern. Letztere hatten Riva am Gardasee besetzt und auch den Wasserweg zum See über den Fluss Mincio versperrt. Die Venezianer wollten mit ihren Kriegsschiffen die Herrschaft über den See wiedererlangen. Doch der einzig noch mögliche Zugang zum Gardasee führte über Land. Dennoch machte man sich mit sechs Galeeren, zwei Galeonen und 26 Barken in einem wahnwitzigen Manöver von Venedig aus auf den Weg. Von der Adria bis zum Dorf Mori östlich des Sees konnte man sich noch auf der Etsch flussaufwärts bewegen. Doch dann musste man die Berge zwischen Etschtal und Torbole überwinden. Und das tat man tatsächlich: Die Venezianer fällten den Wald, um ihre Schiffe auf Baumstämmen zu rollen (eine Galeere misst 50 m), zogen sie mithilfe von 2000 Zugochsen und Seilen den steilen Gebirgspass hinauf und ließen sie am anderen Ende wieder herunter, sodass sie sie bei Torbole zu Wasser lassen konnten. Bemerkenswerterweise überstanden alle Schiffe den waghalsigen Transport. Die Venezianer verloren die Seeschlacht zwar, bauten aber vor Ort neue Schiffe und besiegten 1440 schließlich die Mailänder.

Im Blickpunkt

Surfen am Gardasee

Sowohl unter Anfängern als auch Könnern ist der Gardasee eine der Top-Surf-Adressen Europas. Der Grund sind vor allem die zuverlässigen Winde: Von Sonnenaufgang bis mittags weht von Norden der sogenannte Pelér, ab 13 Uhr bis Sonnenuntergang von Süden die sogenannte Ora. Gerade im Nordteil, wo der See schmal und die Felswände steil sind, sind diese beiden Winde am stärksten und bringen die Surfer auf Geschwindigkeiten von bis zu 60 km/h. Achtung: Eine Schwimmweste für Surfer ist Pflicht.

aus, der an der Hauptstraße zwischen Torbole und Nago liegt, führt ein Weg (braunes Schild »Sentiero Marmitte dei Giganti«) zu den Felsen hinunter.
■ An der SS240 von Torbole Richtung Nago, ca. 1,5 km hinter Torbole

2 Malcesine

Die Skaligerburg, die Goethe beinahe zum Verhängnis wurde

 Information

■ Ufficio Informazione Turistica, Via Gardesana 238, 37018 Malcesine, Tel. 045/740 00 44, www.tourism.verona.it

Malcesine ist einer der beliebtesten Urlaubsorte am See – verständlicherweise: Ein mittelalterlicher Ortskern mit verwinkelten, steilen Gassen, Eisdielen, Restaurants und Boutiquen

ohne Ende sowie eine imposant über dem See thronende Skaligerburg lassen niemanden unbeeindruckt. Auch Goethe fiel die Burg, um die sich die Häuser der leicht in den See ragenden Altstadt gruppieren, während seiner italienischen Reise 1786 ins Auge. Er begann deshalb, sie zu zeichnen – was sich jedoch als naiver Entschluss herausstellte. Denn prompt hielt man ihn für einen österreichischen Spion, der militärische Anlagen auskundschaftet. Nur knapp entging er der Verhaftung, indem er erklären konnte, nur vom Sinn für Kunst und Kultur angetrieben zu sein statt von politischen Interessen. Nachzulesen ist die kuriose Episode in Goethes »Italienischer Reise«.

 Sehenswert

Castello Scaligero
| Burg |

 Eine der schönsten der Gardasee-typischen Skaligerburgen

Die Skaligerburg (13. Jh.) ist dank ihrer exponierten Lage kaum zu verfehlen. Ein Besuch lohnt sich nicht nur wegen der Festungsarchitektur und dem Postkarten-Ausblick über den See, sondern auch wegen der interessanten Museen in den einzelnen Gebäuden der Anlage: In der sogenannten Casermetta links nach dem Eingang ist ein modernes Naturkundemuseum untergebracht, das anschaulich die Geologie, Tier- und Pflanzenwelt des Gardasees erklärt. In der ehemaligen Pulverkammer der Burg befindet sich die Sala Goethe. Diese zeigt eine Kopie der Zeichnung, die Goethe von der Burg machte und damit seine Verhaftung riskierte. Ein weiteres Gebäude beherbergt das Fischereimuseum und – viel interessanter – eine Videoinstallation über den Schiffstransport der Venezianer über die Berge nach Torbole. Obligatorisch beim Besuch der Burg ist zudem die Besteigung des Turms, der noch aus früherer, langobardischer Zeit stammt. Die Aussichtsplattform eröffnet schöne Blicke sowohl auf den See als auch auf die Dächer und Gassen Malcesines.

■ Via Castello 39, Tel. 045/6 57 03 33, März–Nov. 9.30–19 Uhr, 6 €

Palazzo dei Capitani
| Architektur |

Das weiße Gebäude direkt am Ufer erinnert mit seinen eleganten Bogenfenstern und Balkonen nicht umsonst an einen venezianischen Palazzo: Es wurde im 15. Jh. während der venezianischen Herrschaft zu seiner heutigen Gestalt umgebaut und diente dem von Venedig eingesetzten Gouverneur, dem »capitano«, als Residenz. Durch die Eingangshalle gelangt man in einen mit Palmen bepflanzten, sehr schönen Garten am Seeufer, wo sich einst die Bootsanlegestelle für den Capitano befand.

■ Via Capitanato, Eingangshalle und Garten durchgehend geöffnet

ADAC *Mobil*

Der Wanderwege oder auch nur der Aussicht wegen kann man mit der **Seilbahn** von Malcesine aus bis auf 1752 m den **Monte Baldo** hinauffahren – und das in sich drehenden Panorama-Kabinen. Die Talstation ist in der Via Navene Vecchia 12. Die Seilbahn fährt im 30-Minuten-Takt von Ende März bis Mitte November. Erste Bergfahrt ist um 8, letzte Talfahrt um 18.45 Uhr (hin und retour 22 €).

Die Skaligerburg dominiert die Altstadt von Malcesine

 Restaurants

€€ | Casa Italia Direkt am See und trotzdem fair im Preis-Leistungs-Verhältnis, was nicht selbstverständlich ist. Ebenso bemerkenswert ist, dass von Fisch und Fleisch über Pasta und Pizza bis hin zu den Weinen alles köstlich ist. Abends beim Sonnenuntergang auf der Terrasse am stimmungsvollsten.■ Piazza Magenta 7, Tel. 045/482 60 17

 Kneipen, Bars und Clubs

Il Punto Mitten in der Altstadt und damit ideal für den Cappuccino tagsüber als auch für den Aperitif oder den Cocktail am Abend bei Live-Musik. Für den kleinen Hunger gibt es zudem leckere Bruschette.■ Via Borre 15, Malcesine, tgl. durchgehend bis 1 Uhr

21

Brenzone sul Garda

Beschauliche Gegend von 16 entlang des Seeufers verstreuten Ortschaften

Information

■ Ufficio Informazioni e Accoglienza Turistica, Via Zanardelli 38, 37010 Brenzone sul Garda, Tel. 045/72 00 76, www.brenzone.it

Brenzone sul Garda setzt sich aus 16 kleinen Dörfern zusammen, die teils unmittelbar entlang der Uferstraße Gardesana liegen – wie Assenza, Porto, Magugnano, Marniga und Castelletto. Die anderen Ortschaften liegen versprengt an den Hängen des Monte Baldo. Der Tourismus konzentriert sich auf die zum See hin gerichtete Seite der Gardesana. Überquert man die Straße und läuft ein kleines Stück bergauf in die Altstädte, geht es ruhig und authentisch zu.

Sehenswert

San Nicola

| Kirche |

Am Ende des Dorfplatzes im Ort Assenza entdeckt man eine von außen schmucklose kleine Kirche. Das dem hl. Nikolaus geweihte Gotteshaus wurde im 11.–12. Jh. erbaut. Sehenswert ist es in allererster Linie wegen der Fresken im Inneren, deren Entstehung sich vom 13. bis 16. Jh. erstreckt.

■ Piazza San Nicolò

San Zeno di Castelletto

| Kirche |

»San Zen de l'oselet« wird die Kirche auch genannt – San Zeno vom Vögelchen, da ein kleiner, eiserner Hahn auf der Turmspitze sitzt. Die gedrungene Form und der direkt aus der Fassade ragende Glockenturm weisen sie eindeutig als romanische Kirche (12. Jh.) aus. Ungewöhnlich sind aber der in zwei sehr unterschiedlich große Schiffe eingeteilte Innenraum sowie die drei Apsiden.

■ Via Vespucci

Restaurants

€€ | **Da Umberto** Super Service, schmackhafte und ansprechend servierte Pasta- oder Fischgerichte bei fairen Preisen und das Ganze mit Seeblick. Empfehlenswert sind auch die Antipasti. ■ Via Imbarcadero 15, Castelletto di Brenzone, Tel. 045/743 03 88, www.daumberto.it, Mi geschl.

① €€€ | **Alla Fassa** Ob Hecht, Renke und Saibling aus dem Gardasee oder Meeresbewohner wie Thunfisch und Garnelen: Fisch und Meeresfrüchte dominieren das Menü dieses direkt am See gelegenen Lokals. Die Qualität sowohl der Speisen als auch der Weine rechtfertigt die gehobenen Preise. Unbedingt zeitig reservieren, denn viele Einheimische sind hier Stammgäste. ■ Via B. G. Nascimbeni 11, Castelletto di Brenzone, Tel. 045/743 03 19, www.ristoranteallafassa.com, Di nur abends von Mitte Juli bis Mitte Sept.

ADAC *Mittendrin*

Beim kulinarischen Dorffest **Festa del Pesce e dell'Olio** speisen und feiern Sie mit Einheimischen. Man bummelt zwischen den Ständen, verkostet lokaltypische Spezialitäten und erfreut sich an der Live-Musik. Jedes Jahr am 3. Samstag im Juni.

Restaurants und Cafés säumen das Hafenbecken in Torri del Benaco

 Wandern

Von Assenza nach Sommavilla, Malga Zovel oder Rifugio Telegrafo Links neben der Kirche San Nicola auf dem Dorfplatz von Assenza weist ein Schild auf drei Wanderwege hin: Der kürzeste und einfachste Weg führt in 15 Min. hinauf ins Dorf Sommavilla. Der zweite geht in gut 2 Std. bis auf 980 m hinauf auf die Alm Malga Zovel. Der letzte und sehr anspruchsvolle Weg ist nur für gut trainierte Wanderer geeignet; er führt in einem etwa sechsstündigen Aufstieg hinauf zum auf 2147 m gelegenen Stützpunkt Rifugio Telegrafo, wo man vor dem Abstieg am besten eine Übernachtung einplant (vorab reservieren unter Mobiltel. 34 91 38 96 29).

4 Torri del Benaco

Romantische Beschaulichkeit inmitten von Olivenhainen

 Information

◼ Ufficio Informazioni, Via Gardesana 5, 37010 Torri del Benaco, Tel. 045/629 64 82, www.tourism.verona.it

Mit seiner das Ortsbild dominierenden Skaligerburg, seiner leicht in den See ragenden Lage, dem kreisrunden Hafenbecken und der Flaniermeile Corso Dante Alighieri versprüht Torri del Benaco die typische Gardasee-Romantik. Die unzähligen Olivenbäume im Hinterland machen den Ort zu einem der reizvollsten an der »Riviera degli Olivi«,

23

ADAC *Mobil*

Wer möglichst schnell vom Ost- ans Westufer kommen will, kann mit der **Autofähre** quer über den See von Torri del Benaco nach Toscolano-Maderno übersetzen. Die Fähren verkehren täglich ca. alle 35 Minuten von 8.30 bis 19.50 Uhr, 12,70–16 € pro Pkw.

wie dieser Teil des Gardasee-Ostufers oft genannt wird.

 Sehenswert

Castello Scaligero
| Museum |

Die Skaligerburg (14. Jh.) liegt direkt am See und beherbergt ein Museum, das die Geschichte des Ortes sowie der Gegend rund um Torri del Benaco veranschaulicht. Zu sehen gibt es u.a. eine Ölpresse für den Olivenanbau, einige Geräte für den Fischfang, Werkzeuge zum Bootsbau und eine »Gardaseegondel«. Ein Saal zeigt prähistorische Felszeichnungen, die am Monte Luppio unweit des Ortes entdeckt wurden. Highlight ist jedoch der schöne Zitronengarten direkt hinter der Burgmauer, in dem bis heute die Früchte gedeihen.

■ Viale F.lli Lavanda 2, Torri del Benaco, Tel. 045/629 61 11, www.museodel castelloditorridelbenaco.it, April–15. Juni sowie 16. Sept.–31. Okt. 9.30–12.30 und 14.30–18, 16. Juni–15. Sept. 9.30–13 und 16.30–19.30 Uhr, Mo geschl., 5 €, erm. 3 €

Das mächtige Kastell am See prägt das Ortsbild von Torri del Benaco

Albisano

| Aussichtspunkt |

Albisano ist ein Ortsteil von Torri, der ein Stück weiter oben am Berghang liegt. Wichtigste Sehenswürdigkeit des beschaulichen Dörfleins ist der Kirchplatz, der eine beeindruckende Aussicht über den See bietet bis hin zum gegenüberliegenden Ufer – so beeindruckend, dass der Dichter Gabriele d'Annunzio den Platz als »balcone del Garda« bezeichnete. Albisano erreicht man von Torri del Benaco aus mit dem Auto in 15 Min. über die Serpentinenstraße Via per Albisano, die zwischen Villen und Olivenhainen hindurchführt.

 Parken

Nahe dem Zentrum kostenfrei auf dem Parkplatz an der Via A. Dall'Oca Bianca (nahe Kreuzung Via Gabriele D'Annunzio). In Albisano kostenfreier Parkplatz an der Via Ronchetti.

 Restaurants

€€ | **Trattoria Di Loncrino** Hier sitzt man nicht nur sehr lauschig mit Panoramablick auf den See, sondern kann sich mit Pizza, Pasta, Fleisch- oder Fischgerichten verwöhnen lassen. ■ Via Loncrino, 10, 37010 Torri del Benaco, Tel. 045/629 00 18, tgl. geöffnet

 Sport

Jungle Adventure Park Oberhalb von Torri am Rande des Luftkurorts San Zeno di Montagna lockt der Kletterpark sowohl Kinder als auch Erwachsene in die Baumwipfel. Vier Routen verschiedener Schwierigkeitsgrade führen durch den abwechslungsreichen Parcours. ■ Via Pineta Sperane, San Zeno di Montagna, Tel. 045/628 93 06, www.jungleadventurepark.com, April–Okt. tgl. 10–19, Mai–Mitte Sept. 10–20 Uhr, ca. 15 € pro Kletterroute

Im Blickpunkt

Monte Baldo

Der Monte Baldo ist ein rund 30 km langer Bergrücken, der sich vom Nordende des Gardasees bis knapp vor Costermano hinzieht und somit einen großen Teil des Gardasee-Ostufers landschaftlich prägt. Während die Westseite des Gebirgszugs steil und schroff zum See hin abfällt, verläuft die Ostseite weich zum Etschtal hin und weist zudem mehrere endemische Pflanzenarten auf. Einen eigentlichen Gipfel des Monte Baldo gibt es nicht, dafür aber einige Erhöhungen am Bergkamm: der Monte Altissimo di Nago (2079 m) oberhalb von Torbole, die Cima delle Pozzette (2132 m), die Cima del Longino (2180 m), die Cima Valdritta (2218 m) und die Punta Telegrafo (2200 m). An und auf dem Monte Baldo verlaufen mehrere Wanderwege. Wer nicht von einem der Dörfer am See hinaufsteigen will, nimmt am besten in Malcesine die Seilbahn (s. ADAC Mobil S. 21) bis zur Bergstation. Von dort aus kann man den Bergkamm entlangwandern und hat dabei sowohl Ost- als auch Westseite im Blick. Von der Bergstation aus läuft man entweder nach Norden zum Monte Altissimo di Nago (3,5 Std.) oder nach Süden zur Punta Telegrafo (4 Std.).

Im Blickpunkt

Olivenanbau am Gardasee

Olivenöl ist in ganz Italien unverzichtbare Basis der meisten Speisen. Jede Region bringt ihr eigenes Öl hervor, das sich durch Geschmack und Farbe von den anderen unterscheidet. Die Gegend rund um den Gardasee macht da keine Ausnahme. Schon seit der Antike werden hier Olivenbäume kultiviert, insbesondere am Ostufer, der »Riviera degli Olivi«. Die Ernte werden die meisten Urlaubsgäste zwar nicht miterleben (sie findet im Winter statt), dafür kann man auf Wochenmärkten sowie teilweise direkt bei den Ölmühlen, den »frantoi«, exzellentes Öl kaufen. Neben der Bezeichnung »extra vergine« sollte man auf die Bezeichnung D.O.P. (geschützte Herkunft) achten.

5 Punta di San Vigilio

2 *Für ihren landschaftlichen Reiz bekannte Landzunge*

»Der schönste Ort der Welt« schrieb der Humanist Agostino di Brenzone im 16. Jh. Ob das der Wahrheit entspricht, muss jeder Besucher selbst entscheiden. Was auf jeden Fall begeistert, ist die Harmonie von Natur und Architektur, stark begünstigt durch die Lage der »San-Vigilio-Spitze«: Zwischen Torri del Benaco und Garda schiebt sich eine Landzunge gut zwei Kilometer weit in den See hinein, spitz zulaufend eben in der wiederum eine Landzunge bildende Punta di San Vigilio. Eine Ortschaft in dem Sinn gibt es nicht, vielmehr einen wohl komponierten Gebäudekomplex, bestehend aus der Villa Brenzone, der Locanda und der kleinen, namensgebenden Kirche San Vigilio. Die ganze Anlage – mit Ausnahme der Kirche, die bereits seit dem 13. Jh. besteht – ist ein Werk des Veroneser Architekten Michele Sanmicheli, erbaut für ebenjenen Agostino di Brenzone. Doch nicht nur die Gebäude selbst verdienen Aufmerksamkeit. Zur Villa führt seit jeher eine Zypressenallee hinauf; im Norden der Punta San Vigilio lockt die »Sirenenbucht«, und im Süden bildet ein ovales Hafenbecken das optische Sahnehäubchen.

 Sehenswert

Villa Brenzone
| Palais |

Die zweistöckige Villa ist heute im Privatbesitz des Grafen Guarienti di Brenzone – somit kann sie leider nur von außen bewundert werden. Passend zur zurückhaltenden Eleganz des Gebäudes wird dieses von einem akkurat gepflegten und geschmackvoll geschmückten Garten umgeben, der nach allen Seiten den Blick zum See freigibt.

◼ Punta San Vigilio, 37016 Garda

Locanda San Vigilio
| Palais |

Die Locanda war ursprünglich das Gästehaus zur Villa, heute ist sie ein Nobelhotel. Sie liegt geradezu traumhaft direkt am Wasser vor dem kleinen Hafen. Hier nächtigten schon Winston Churchill, Laurence Olivier, Prinz Charles und viele andere berühmte

Persönlichkeiten. Wer die Locanda als Hotelgast genießen will, bezahlt zwischen 270 und 890 € im Doppelzimmer. Im zugehörigen Restaurant werden vorwiegend regionale und saisonale Spezialitäten serviert. Die Preise sind gehoben(45 € pro Person für das Mittagsbuffet, 60 € für ein Menü inklusive Getränke).

Baia delle Sirene
| Badestrand |

Die »Meerjungfrauenbucht« wird ihrem märchenhaften Namen gerecht. Wenn die Punta di San Vigilio »der schönste Ort der Welt« ist, dann ist dieser Strand der schönste am Gardasee. Er ist nur kostenpflichtig zugänglich, bietet dafür aber jede Menge Annehmlichkeiten inklusive Liegestühle, Spielplatz und Schatten spendende Olivenbäume. Auf der Hafenmauer zu sitzen ist freilich kostenlos; beim Cappuccino auf der Café-Terrasse zahlt man den idyllischen Blick aber mit.

■ April-Mitte Mai Sa, So 10–20, Mitte Mai–Sept. tgl. 10–20 Uhr, inkl. Liegestuhl je nach Saison 5–12 €, erm. 2 6 €

P Parken

Klugerweise stehen für die kleine, aber beliebte Halbinsel ausreichend Parkplätze zur Verfügung. Unmittelbar am Eingang zu der Anlage befinden sich einige kostenlose Stellplätze. Sollten diese alle besetzt sein, biegt man von dort nach links wieder auf die Hauptstraße ab und findet 100 m weiter rechts die Einfahrt zu einem großen, wenn auch kostenpflichtigen Parkplatz. Da die Punta di San Vigilio keine eigene Gemeinde ist, gibt man ins Navigationssystem des Autos »Punta di San Vigilio, 37016 Garda« ein.

Garda

Besuchermagnet mit venezianischem Charme und bildhübscher Altstadt

i Information

■ Ufficio Informazioni e Accoglienza Turistica, Piazza Donatori di Sangue 1, 37016 Garda, Tel. 045/725 58 24, www.tourism.verona.it

Als im Frühmittelalter unter Karl dem Großen die Burg von Garda zur Grafschaft erhoben wurde, gab der Ort dem See seinen heutigen Namen. Die einst strategisch so wichtige und lange Zeit als uneinnehmbar bekannte Burg wurde im 16. Jh. zerstört und ist

Schon Winston Churchill wusste die Lage der Locanda San Vigilio zu schätzen

heute bis auf einige Mauerreste vollständig abgetragen. Das wuchtige Felsplateau südlich des Ortskerns beherrscht nichtsdestotrotz weiterhin das Antlitz von Garda. Die einst politische Bedeutung des Orts wird heute durch seine touristische ersetzt: Der Fremdenverkehr hat in Form von Restaurants und Einkaufsmöglichkeiten unübersehbar Einzug gehalten, glücklicherweise ohne den Charme der entzückenden Altstadt zu beeinträchtigen. Diese sowie die Hafenpromenade sind vornehmlich venezianischen Gepräges und verdanken ihren Zauber zahlreichen schönen Palazzi.

 Sehenswert

Villa Albertini
| Adelspalast |
Die Bezeichnung »Villa« wirkt angesichts der schlossähnlichen Bauweise und schieren Größe der Anlage untertrieben. Die Familie Becelli ließ den Prachtbau in der zweiten Hälfte des 16. Jh. errichten. Im 18. Jh. erwarb Graf Albertini das Gut und fügte die auffällig historisierenden Elemente einer mittelalterlichen Burg hinzu. Vor allem aber ließ er den prunkvollen Park gestalten, der die Villa umgibt. Die Anlage ist nur von außen zu besichtigen.
■ Viale San Carlo 12

Palazzo dei Capitani
| Adelspalast |
Wie der Name sagt, diente der Palast dem von Venedig eingesetzten Statthalter als Sitz. Erbaut im Stil der venezianischen Gotik im 14. und 15. Jh. und versehen mit auffälligen Spitzbogenfenstern, dominiert das Gebäude heute die quirlige Piazza Catullo. Im Erdgeschoss befindet sich ein Restaurant,

ADAC *Mobil*

Von Juni bis September fahren spezielle **Busse für Mountainbiker** (Bus Walk & Bike) zu den Bergdörfern San Zeno di Montagna und Prada. Abfahrt siebenmal tgl. vom Busbahnhof in Garda in der Via Colombo. Ticket: 3,30 € inkl. Fahrradmitnahme.

das den Ruf einer Touristenfalle hat. Der Capitano konnte damals übrigens noch mit dem Boot am Palazzo anlegen – die Hafenmole reichte bis an die Mauern des Gebäudes.
■ Piazza Catullo

 Restaurants

€€ | Trattoria Enoteca al Graspo Speisekarte gibt es hier keine; der Chef kreiert aus dem, was er täglich auf dem Markt findet, ein Menü – und was für eins! In geradezu sportlichem Tempo werden zwölf Gänge serviert, einer kreativer als der andere. Wer hier einmal isst, kommt wieder. Reservierung erforderlich. ■ Piazzetta Calderini 12a, Tel. 045/725 60 46, www.graspo.it, Mo–Fr 19–24, Sa, So 12–24 Uhr

 Wandern

Zur Burgruine Rocca di Garda Von der Burg selbst ist zwar kaum mehr etwas übrig, dafür ist das Panorama von dem Felsplateau aus eine Augenweide. Um die rund 300 Höhenmeter zu überwinden, braucht man vom Ortszentrum aus etwa eine Stunde. Startpunkt ist die Kirche Santa Maria Maggiore. Von dort aus geht es in die Via San Bernardo, von der 50 m danach die Via degli Alpini rechts abzweigt. An deren Ende weist ein Schild den ungeteerten Wanderweg zur Rocca aus. Die Wanderung ist nicht beschwerlich, aber festes Schuhwerk ist nötig.

🚗 In der Umgebung

Eremo di San Giorgio
| Kloster |
Einen besseren Ort der Ruhe und Besinnung hätten die Kamaldulenser-Benediktiner kaum finden können: Postkartenreif liegt die Einsiedelei seit dem 17. Jh. oberhalb des Gardasees, umschlossen von dichter Vegetation. Allein dieser kontemplativen Atmosphäre wegen ist das Kloster einen Ausflug wert. Zudem gibt es einen Klosterladen, in dem die Mönche u. a. ihr eigenes Olivenöl verkaufen. Man kann sogar im Kloster übernachten und am Leben der Mönche teilnehmen.
■ Strada Costa di Vallonga, Tel. 045/ 721 13 90, www.eremosangiorgio.it

7 Bardolino

Reizendes Städtchen im berühmtesten Weinanbaugebiet der Gegend

Information

■ Ufficio Informazioni e Accoglienza Turistica, Piazzale Aldo Moro 5, 37011 Bardolino, Tel. 045/721 00 78, www.tourism.verona.it

Wer Bardolino hört, denkt wohl eher an den trockenen, fruchtigen Rotwein als an die namensgebende Ortschaft. Tatsächlich genossen die Römer bereits die guten Tropfen aus dem Anbaugebiet, das sich von Torri del Benaco bis Peschiera erstreckt. Kein Wunder also, dass es hier ein »Museo del Vino« gibt. Touristischster Platz von Bardolino ist die Flaniermeile Piazza Matteotti dank etlicher Shopping- und Gastronomie-Angebote. Obwohl Bardolino zu den beliebtesten Ferienor

Der Hafen von Bardolino: Start der Flaniermeile Piazza Matteotti

ten am See zählt, wirkt es nicht heillos überlaufen – die Besucherströme verteilen sich ganz gut an der breiten Seepromenade und in den symmetrisch (statt sonst so verwinkelt) angelegten Gassen.

Sehenswert

San Severo
| Kirche |

Die romanische Basilika besteht mindestens seit dem 9. Jh., wurde aber in den folgenden Jahrhunderten mehrmals überarbeitet. Heute präsentiert sie sich mit einem im Verhältnis zur Kirche hohen Glockenturm und drei ungleich großen Schiffen, die mit drei ebenso ungleichen Apsiden abschließen. Besondere Aufmerksamkeit verdienen zum einen die Reste des Vorgängerbaus aus langobardischer Zeit: Unter der mittleren Apsis sind die Säulen einer ehemaligen Krypta zu sehen, die auf fast gruselige Weise niedrig und beengend gewesen sein

muss. Zum anderen sind die Fresken aus dem 12. Jh. eine nähere Betrachtung wert. Die Motive aus dem Leben Jesu und der Apokalypse sowie einer Ritterschlacht sind auffallend farbenfroh und lebendig gestaltet.

■ Piazza San Severo

Museo dell'Olio
| Museum |

Unverfehlbar im Ortsteil Cisano direkt an der Gardesana gelegen, lädt das von einer Ölfabrik betriebene Museum gratis dazu ein, sich auf die Spuren des Olivenöls zu begeben. Man lernt Historisches zum Olivenanbau sowie Wissenswertes zur Ölherstellung gestern und heute. Viel wichtiger ist aber der Verkaufspunkt im Museum, wo man das Extra-Vergine-Olivenöl kosten und direkt vom Hersteller kaufen kann. Ebenso erhältlich: Artikel aus Olivenholz, Olivenölseifen und -kosmetikprodukte.

■ Via Peschiera 54, Cisano (Bardolino), Tel. 045/622 90 47, www.museum.it,

Farbenfrohe Fresken schmücken den Innenraum der Basilika von San Severo

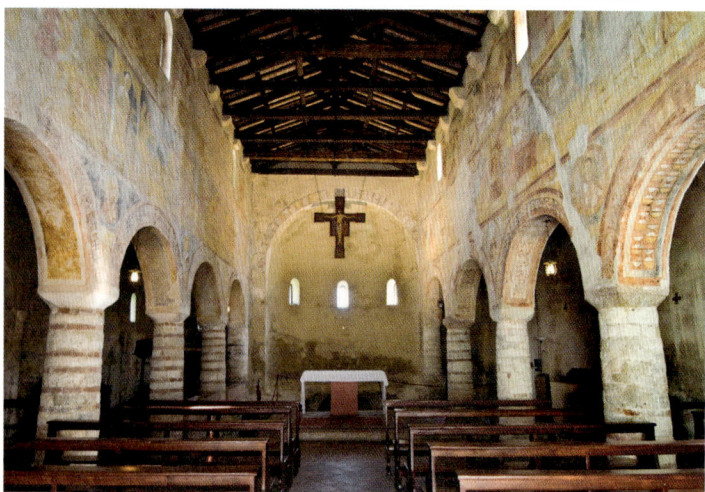

Mo–Sa 9–12.30 und 14.30–19 Uhr, So nur vormittags, Eintritt frei

Museo del Vino
| Museum |

Die bekannte Winzerfamilie Zeni betreibt in Bardolino nicht nur Weingüter, sondern auch dieses Museum, das anschaulich den Prozess der Weinproduktion von der Pflege der Reben bis zur Abfüllung in die Flasche zeigt. Zu sehen sind unter anderem: Pflüge zur Auflockerung des Bodens, verschiedeneReberziehungssysteme, Werkzeuge, mit denen Küfer die Weinfässer herstellten, Traubenmühlen aus verschiedenen Jahrhunderten zur Herstellung der Maische, Wagen und Tragekörbe für den Transport sowie mittelalterliche und moderne Korkenmaschinen. In der Enothek können Weine verkostet und erworben werden.

■ Via Costabella 9, Tel. 045/622 83 31, www.museodelvino.it, Nov.–März tgl. 8.30–12.30 und 14.30–18.30, April–Okt. 9–12.30 und 14.30–19 Uhr, Eintritt frei

 Parken

Gebührenpflichtige Parkplätze z. B. an der Via Giacomo Leopardi oder der SR249 Richtung Lazise. Ebenfalls an der SR249 Richtung Lazise 2 Std. kostenlos mit Parkscheibe.

 Restaurants

€ | **Ristorante Pizzeria La Formica** Die Pizzen schmecken einfach so, wie sie sollten. Außer Pizza gibt es Klassiker wie das Pastagericht »Bigoli con le sarde« oder Mailänder Kotelett. ■ Piazza Lenotti 11, Bardolino, Tel. 045/721 17 05, www.ristorantelaformica.com, Juni–Sept. tgl. 18.30–22.30, Di–So auch 12–14 Uhr

Im Blickpunkt

Die Weine des Gardasees

Der Bardolino ist der bekannteste Wein vom Gardasee, aber bei Weitem nicht der einzige. Vor allem am Ostufer werden weitere exzelente Weiß- und Rotweine wie Lugana, Bianco di Custoza (beide weiß) und Valpolicella (rot) angebaut. Die Begriffe IGT, DOC und DOCG auf dem Etikett sind geschützte Herkunftsbezeichnungen, wobei IGT die am wenigsten strengen Kriterien erfüllen muss, DOCG die strengsten. Da diese Bezeichnungen sich aber »nur« auf die geografischen Grenzen des Anbaugebiets beziehen, muss ein IGT- einem DOCG-Wein geschmacklich nicht unterlegen sein.

 In der Umgebung

Strada del Vino
| Einkaufstour |

Die Weinstraße am Ostufer des Gardasees ist ein Gemeinschaftsangebot von 16 Ortschaften, darunter Bardolino, Lazise, Peschiera, Castelnuovo, Affi, Garda und weitere kleinere Gemeinden, in denen über 50 Kellereien Weine zur Verkostung und zum Verkauf anbieten. Als Route bietet sich eine Rundfahrt mit Start in Bardolino an. Von da aus probiert man sich am Seeufer nach Süden entlang bis Peschiera, fährt nach Castelnuovo ins Hinterland und verköstigt sich von da wieder nach Norden hinauf über Affi nach Garda.

■ Infos im Touristenbüro Bardolino oder unter www.bardolino-stradadelvino.it

Lazise

*Malerisches Hafenstädtchen mit
mittelalterlichem Stadtzentrum*

Information

■ Ufficio Informazioni e Accoglienza Turistica, Piazzetta Partenio 5, 37017 Lazise, Mobiltel. 36 64 22 30 17, www.tourism.
verona.it

Nichts deutet mehr auf den ehemaligen Kriegshafen hin, der Lazises Geschichte im 15. und 16. Jh. prägte und von den Kriegen Venedigs mit Mailand zeugte. Jedoch liegen noch heute Schiffswracks aus dieser Zeit auf dem Seegrund. 1509 verbrannte und versank nämlich nach einer Niederlage Venedigs Lazises Flotte vor der Stadt. Heute präsentiert sich der Ort als perfektes Italien-Idyll, noch vollständig von dem mittelalterlichen Mauerring umschlossen, gesegnet mit schmucken Gässchen, einem Skaligerkastell (da in Privatbesitz, leider nur von außen zu bewundern) und einem Hafenbecken, das nicht malerischer sein könnte. In der Hochsaison ist der Ortskern gut besucht – vor allem, da man hier gerne haltmacht nach einem Besuch der etlichen Freizeitparks in der Umgebung, allen voran dem gigantischen, lärmenden Gardaland, welches für Kinder das Urlaubshighlight schlechthin am Gardasee sein dürfte.

Parken

Gebührenpflichtige Parkplätze z.B. an der Via Giacomo Leopardi oder der SR249 Richtung Lazise. Ebenfalls an der SR249 Richtung Lazise 2 Std. kostenlos mit Parkscheibe.

Einkaufen

 Cantina ZF4 Eine der ältesten Weinbauernfamilien der Gegend hat im Zentrum von Lazise ihren Verkaufs- und Degustationspunkt. Egal, ob bei schönem Wetter in dem von duftenden Blumen bewachsenen Innenhof oder bei Regen im stimmungsvollen Weinkeller: Sehr gute Weine wird man in jedem Fall verkosten. ■ Via Porta San Zeno 7, Lazise, Tel. 045/758 05 99, www.zf4.it, tgl. April–Okt. 10.30–19.30 Uhr, Nov.–März 10–13 Uhr

Kinder

Gardaland In der Gemeinde Castelnuovo del Garda, etwa 7 km südlich von Lazise, lockt Italiens größter Freizeitpark mit 33 Fahrgeschäften und neun Shows. Ob auf der Wildwasserbahn, im 4-D-Kino, bei einer Zirkusshow oder auf einer der vielen Achterbahnen: Familien können hier gut und gerne den ganzen Tag verbringen. ■ Via Derna 4, Castelnuovo del Garda, Tel. 045/644 97 77, www.gardaland.it, April–Sept. tgl. 10–18, Mitte Juni–Mitte Sept. bis 23 Uhr, Okt. nur Sa, So, 40/50 €, Kinder unter 10 Jahren 34 €

ADAC *Wussten Sie schon?*

Skaligerburgen gibt es am Gardasee zuhauf. Ob in Malcesine, Sirmione oder Lazise: Stets fallen die gegabelten Zinnen auf den Türmen und Mauern auf. Die sogenannte Schwalbenschwanzzinne ist ein einzigartiges Charakteristikum der von den Skaligern erbauten Burgen – sie sind daher nur in diesem Teil Norditaliens anzutreffen.

Gardaland ist Italiens größter Freizeitpark mit etlichen Achterbahnen

Canevaworld Das riesige Vergnügungsbad scheint auf den ersten Blick nur aus Wasserrutschen zu bestehen; sowohl für Kinder als auch waghalsige Erwachsene gibt es teils ausgefallene Varianten. Für Entspannung sorgen hingegen Whirlpools und Relaxbecken. ■ Via Fossalta 58, Lazise, Tel. 045/696 99 00, www.canevaworld.it, Ende Mai–Mitte Sept. tgl. 10–18, Juli–Anf. Sept. bis 19 Uhr, 28 €, Kinder bis 140 cm 22 €, im Kombiticket mit Movieland 35 € bzw. 29 €, bis 23 Uhr, Okt. nur Sa und So, 40,50 €, Kinder unter 10 Jahren 34 €

Movieland Eine wilde Verfolgungsjagd im Police-Academy-Simulator, Action in der Rambo-Stuntshow oder Gänsehaut im Horror House: Filmfans fühlen sich im Movieland mitten in ihre Lieblingsstreifen hineinversetzt. ■ Via Fossalta 58, Lazise, Tel. 045/696 99 00, www.movieland.it, Ende Mai-Mitte Sept. tgl. 10–18, Juli–Anf. Sept. bis 19 Uhr, April und Mai nur Fr–Di, Mitte Sept.–Okt. nur Sa und So, 28 €, Kinder bis 140 cm 22 €, im Kombiticket mit Movieland 35 € bzw. 29 €

Parco Natura Viva Giraffen, Zebras, Antilopen und sogar Löwen beobachtet man vom Autofenster aus, während man mit dem eigenen Pkw den »Safaripark« durchfährt – eben wie auf einer richtigen afrikanischen Safari. Ein anderer Teil des Parks, der »Faunapark«, ist dagegen nur für Fußgänger zugänglich und beherbergt Tiere aus allen Erdteilen. ■ Località Quercia, Bussolengo, Faunapark Mo–Sa 9–17.30, So 9–18.30, Safaripark Mo–Sa 10–15.30, So 9.30–16 Uhr, 20 €, Kinder bis 12 Jahre 15 €

So schön kann eine Festung sein: Peschiera del Garda

 Entspannung

Parco Termale del Garda Der Park ist nicht nur wegen des Thermalwassers (29 bis 39 Grad) einen Besuch wert, das in zwei Badeseen und einem Schwimmbad seine gesundheitsfördernden Eigenschaften entfaltet. Massageanlagen, Kaskaden (nachts beleuchtet) sowie Beauty-Behandlungen betonen den Wellness- und Erlebnis-Charakter. Die sorgsam komponierte Gartenanlage mitsamt historischer Villa aus dem 18.–19. Jh. trägt ihren Teil zum Flair des Parks bei.■ Villa dei Cedri S.p.A. Piazza di Sopra 4, Colà di Lazise, Tel. 045/759 09 88, www.villadei cedri.it, So–Fr 10–23, Sa 10–1 Uhr, 24 €, Kinder bis 150 cm 15 €

9 Peschiera del Garda

Auf mehreren Inseln erbaute Festungsanlage im Fluss

 Information

■ Tourism Peschiera, Piazzale Betteloni 3, 37019 Peschiera, Tel. 045/755 08 10, www. tourismpeschiera.it

Dort, wo Venetien an die Lombardei grenzt und der Fluss Mincio aus dem südlichsten Ende des Gardasees herausfließt, liegt Peschiera. Erbaut auf drei Inseln halb im See, halb im Fluss, war der Ort seit jeher von militärisch-strategischer Bedeutung – im 15. und 16. Jh. bauten die Venezier die bis heute erhaltenen imposanten Festungsanlagen bedeutend aus. Heute ist der Ort einer der am wenigsten touristisch geprägten am See, was allein angesichts der malerischen Wasserwege zwischen den Inseln verwunderlich ist. Allerdings wissen Badegäste durchaus die Strände in unmittelbarer Umgebung des Städtchens zu schätzen.

 Sehenswert

Fortezza
| Festung |
Sehr wahrscheinlich hatten bereits die Römer eine Festung in Peschiera errichtet. In jedem Fall waren es im Mittelalter die Skaliger unter Mastino II della Scala, die das erste Mal einen kompletten Mauerring um die Stadt zogen. Der heute noch charakteristische fünfeckige Grundriss mit den fünf pfeilförmigen Bastionen ist den Venezianern zu verdanken. Wesentlich beteiligt an der Ausführung dieser Arbei-

ten war der berühmte Baumeister Michele Sanmicheli. Was Peschiera als militärische Festung stets so wertvoll machte, ist die Lage zwischen Gardasee und dem Fluss Mincio, der zusammen mit dem Po einen Wasserweg bis zur Adria bildet. Die Festung umschließt die südliche und die mittlere der drei Inseln. Der beste Blick auf die Festungsmauern ergibt sich auf den Brücken, welche die Inseln verbinden.

Ponte dei Voltoni
| Brücke |
Der Ponte dei Voltoni verbindet die südliche mit der mittleren Insel und ist zugleich ein Teil der Ostmauer der Festung. Mit ihren rotbraunen Backsteinziegeln und den fünf Rundbögen ist die Brücke ein geradezu malerischer Anblick. Am besten bewundern kann man sie vom gegenüberliegenden Brücke, also von der Viale del Cordigero aus. Auf der Brücke selbst führen ein paar Steinstufen auf die Festungsmauer, von wo sich ein schöner Blick auf eine der Bastionen und eine im Fluss gelegene Insel darbietet.
■ von der Piazza Ferdinando di Savoia Richtung Norden

Lido Cappuccini
| Strand |
Ein beliebter Kiesstrand nordöstlich des Stadtzentrums. Voll ausgestattet mit Bar sowie Verleih von Liegen, Sonnenschirmen und Tretbooten.
■ Am östlichen Ende des Lungolago Mazzini, unmittelbar neben dem Bootshafen

Braco Baldo
| Strand |
Nicht nur ein schöner Kiesstrand, sondern auch der Hundestrand schlechthin am Gardasee. Liegen und Sonnen-

schirme werden verliehen, eine Liege für den Hund gibt es gratis dazu.
■ Località Fornaci

 Parken

Gegen Gebühren westlich der Festung an der Piazza Maestro Giulio Battistoni. Oder zumindest Mo–Fr kostenlos östlich der Festung am Ende der Via Venezia nach dem Kreisverkehr.

 Verkehrsmittel

Bahn Station mit Busverbindungen nach Torri del Benaco, Garda, Bardolino, Affi, Lazise. ■ www.trenitalia.com

 Restaurants

€€€ | **Zibò Bistrò** Saibling mit Sesam, Risotto mit Lakritze – im Zibò Bistrò (zum Ziba Hotel gehörig) findet man

Blick auf eine der Bastionen von Peschiera del Garda

eine willkommene Abwechslung zu traditionellen Speisen. Trotz gehobener Küche ein sehr gutes Preis-Leistungs-Verhältnis. ■ Via Bell'Italia 41, Peschiera del Garda, Tel. 045/640 25 22, www.thezibahotel.it, nur abends, Mo geschl.

 Erlebnisse

Navicharters, Taxiboot-Service Die kleinen Schnellboote befördern als Shuttle-Taxi Passagiere über den See nach Garda, Sirmione, Bardolino und Lazise. Außerdem werden Rundfahrten rund um Peschiera angeboten. ■ Porto Centrale, Peschiera del Garda, Mobiltel. 34 64 92 55 95, www.peschierataxiboat.it, Touren rund um Peschiera ab 10 €, Fahrten zu anderen Orten am See ab 20 € pro Person

 # Valeggio sul Mincio

 Idyllisches Dörfchen und Geburtsort der Tortellini

i **Information**

■ Ufficio Informazioni e Accoglienza Turistica, Piazza Carlo Alberto 36, 37067 Valeggio sul Mincio, Tel. 045/795 18 80, www.tourism.verona.it

Der Fluss Mincio, der im Norden bei Peschiera den Gardasee verlässt und im Süden in den Po fließt, gab der Gemeinde ihren Namen. Mit Abstand am berühmtesten ist der Ortsteil Borghetto: Direkt am und teilweise im Fluss gelegen, seit Jahrhunderten unverändert, mit uralten Wassermühlen ausgestattet und von üppiger Vegetation umgeben, stellt er das perfekte Dorf-

idyll dar und ist nicht umsonst ein beliebtes Ausflugsziel. Eine halb verfallene Skaligerburg über dem Flusstal setzt dem Postkartenmotiv das i-Tüpfelchen auf. Dank seiner authentischen, ganz eigenen Küche hat sich Valeggio zudem einen Namen unter Gourmets gemacht. Vorzeigespezialität sind die Nodi d'Amore – die »Liebesknoten«, eine Art Tortellini, gefüllt etwa mit Fleisch oder Gemüse. Angeblich sollen die Tortellini hier im Mittelalter sogar erfunden worden sein. In jedem Fall kann man sie in etlichen Restaurants genießen oder, noch besser, bei der Festa del Nodo d'Amore.

 Sehenswert

Ponte Visconteo
| Brücke |

Die Visconti-Brücke aus dem 14. Jh. war ursprünglich als Staudamm für den Mincio gedacht. Seit sich dieser Plan als unrealisierbar erwies, ziert das 650 m lange Bauwerk lediglich als Wahrzeichen den Ort und trägt heute sogar den Autoverkehr. Während einige Stellen stark verfallen sind, ragen die burgähnlichen Bastionen an den Rändern imposant in die Höhe.
■ Strada Visconteca

Parco Giardino Sigurtà
| Park |

Zweifellos ist die 600 000 m² große Gartenanlage eine der schönsten Italiens. Angelegt hat sie im 17. Jh. Graf Carlo Sigurtà. Zu den größten Attraktionen zählen 18 Karpfen- und Seerosenteiche, eine 400-jährige Eiche, ein riesiger Irrgarten, die Tulpen- und Rosenblüte im Frühjahr und ein bei Kindern beliebter Streichelzoo. Erkunden kann man den Park zu Fuß, mit dem

Rad, mit einem Golfcart oder dem Bummelzug.

■ Via Cavour 1, Valeggio sul Mincio, Tel. 045/637 10 33, www.sigurta.it, Anf. März–Anf. Nov. 9–18, April–Sept. bis 19 Uhr, 12,50 €, Kinder bis 14 Jahre 6,50 €

Parken

Mit etwas Glück findet man einen kostenlosen Parkplatz in der Via Leonardo da Vinci, ansonsten direkt daneben auf dem kostenpflichtigen Parcheggio Virgilio oder auf der anderen Seite von Borghetto an der Via Andrea Mantegna.

Restaurants

€€ | **Antica Locanda Mincio** Perfekter kann man in Valeggio sul Mincio nicht speisen: Man sitzt auf der Terrasse direkt am Flussufer, nippt am Valpolicella und genießt die ganze Vielfalt der lokalen Küche: gegrillter Aal, mit Kürbismousse gefüllte Tortellini oder seltenere Spezialitäten wie Schnecken mit Polenta oder Pferdefilet. ■ Via M. Buonarroti 12, Valeggio Sul Mincio, Tel. 045/795 00 59, www.anticalocandamincio.it

Einkaufen

Tortellini Remelli An der Theke Tortellini und weitere Pastasorten in jeder erdenklichen Variante, in den Regalen Wein, Wurst, Käse und Eingemachtes: Diesen Laden verlässt man nicht ohne ein kulinarisches Andenken. Di–So 11.30–16.30 Uhr kann man im Laden auch speisen. Am besten lässt man sich einen Teller mit verschieden gefüllten Tortellini zusammenstellen. ■ Via A. Sala 24, Valeggio Sul Mincio, Tel. 045/75 16 30, www.pastificioremelli.it

Der Parco Giardino Sigurtà zählt zu den schönsten Gartenanlagen Italiens

Events

Festa del Nodo d'Amore Jedes Jahr am dritten Dienstag im Juni findet in Valeggio das »Liebesknotenfest« statt. Der Ponte Visconteo wird umfunktioniert zum Freiluftrestaurant mit Hunderte Meter langen Tafeln. Erster Gang sind stets die handgemachten Tortellini, die »Liebesknoten«. Danach folgen noch Hauptgang und Nachtisch. Die Karten für das Kultfest schlagen mit 90 Euro zu Buche – bezahlt wird auch vor allem das Erlebnis, auf der mittelalterlichen Brücke unter freiem Himmel mit 4000 anderen Gästen am Tisch zu sitzen. Eine Reservierung muss wegen starker Nachfrage mehrere Wochen im Voraus erfolgen. Karten gibt es über das Tourismusamt (Tel. 045/795 18 80 oder E-Mail tourist@valeggio.com).

11 Verona

Elegante und romantische Stadt voller Kulturattraktionen

Verona – auf den ersten Blick romantisch, auf den zweiten modern und lebendig

 **Information**

■ Ufficio Informazioni e Accoglienza Turistica, Via Degli Alpini 9, 37121 Verona, Tel. 045/806 86 80, www.tourism.verona.it
Parken S. 49

Romeo und Julia – die weltberühmte Liebesgeschichte ist oft das Erste, woran Verona-Besucher denken. Aber auch ohne das Haus der Julia mit dem berühmten Balkon ist Verona eine Stadt für Romantiker. Voller architektonischer Juwelen und historischer Zeugnisse und doch modern elegant, mit quirligen Plätzen und belebten Einkaufsstraßen und von einer char-

manten Leichtigkeit geprägt, gilt sie als erste »richtig italienische« Stadt hinter den Alpen.

 **Sehenswert**

1 Piazza delle Erbe
| Platz |
Wahrscheinlich einer der schönsten Plätze Norditaliens – und neben Piazza Brà und Piazza dei Signori einer der drei wichtigsten Veronas. Ein »Platz der Kräuter« ist er, nicht nur dem Namen nach, schon seit den Römern. Heute werden nicht nur täglich unter der Woche Obst und Gemüse, sondern auch Souvenirs verkauft. Das mit ei-

38

Plan
S. 40/41

Case dei Mazzanti, also den »Häusern der Familie Mazzanti«, welche diese 1517 erwarb und freskieren ließ. Rechts daneben erhebt sich unübersehbar die Torre dei Lamberti, mit 84 m eines der höchsten Gebäude Veronas. Sehr beliebt ist die Aussichtsplattform – zu erreichen über 368 Stufen oder per Lift. Die verschiedenen Bauphasen (12.–18. Jh.) lassen sich außen anhand der verschiedenen Materialien gut nachvollziehen. Der Turm ist Teil des Palazzo del Commune (auch Palazzo della Ragione, 1194), wo zu Zeiten der Stadtrepublik der Stadtrat tagte. Dieser umfasste zeitweise bis zu 1200 Mitglieder, was die enormen Dimensionen des Palazzo erklärt. Im Inneren ist die Galleria d'Arte Moderna Achille Forti (GAM) untergebracht.

■ Palazzo del Comune mit Galerie für Moderne Kunst und Torre dei Lamberti: Tel. 045/001903, www.turismoverona.eu, Di–Fr 10–18, Sa, So 11–19 Uhr, 8 €

❷ Piazza dei Signori
| Platz |

Einen Steinwurf von der Piazza delle Erbe entfernt, verbunden durch die Via Costa, befindet sich der zweite wichtige Platz von Verona: die Piazza dei Signori. Diese ist kleiner als die Piazza delle Erbe sowie rechteckig und wirkt dadurch abgeschlossener und intimer. Nicht zuletzt die Bögen, die sich über die zum Platz führenden, engen Straßen spannen, tragen zu diesem Charakter bei. Gleichwohl ist auch dieser Platz von historisch bedeutenden Gebäuden umgeben: Von der Piazza delle Erbe kommend, blickt man rechts

nem steinernen Baldachin überdachte Podest heißt Capitello und diente der Stadtverwaltung im 16. Jh. zur Verkündung von Beschlüssen. Gegenüber überblickt die Madonna Verona, jene Marmorstatue auf dem Brunnen des Platzes, das Geschehen. Was die Piazza delle Erbe vor allem reizvoll macht, sind aber die Gebäude ringsum: Hinter der Markus-Säule etwa der auffällig pompöse Palazzo Maffei (1668). Der Turm Torre del Gardello links daneben ist wegen seiner 600 Jahre alten Turmuhr bekannt. Dreht man sich, auf den Palazzo Maffei blickend, nach rechts, steht man vor einem freskengeschmückten Häuserensemble, den

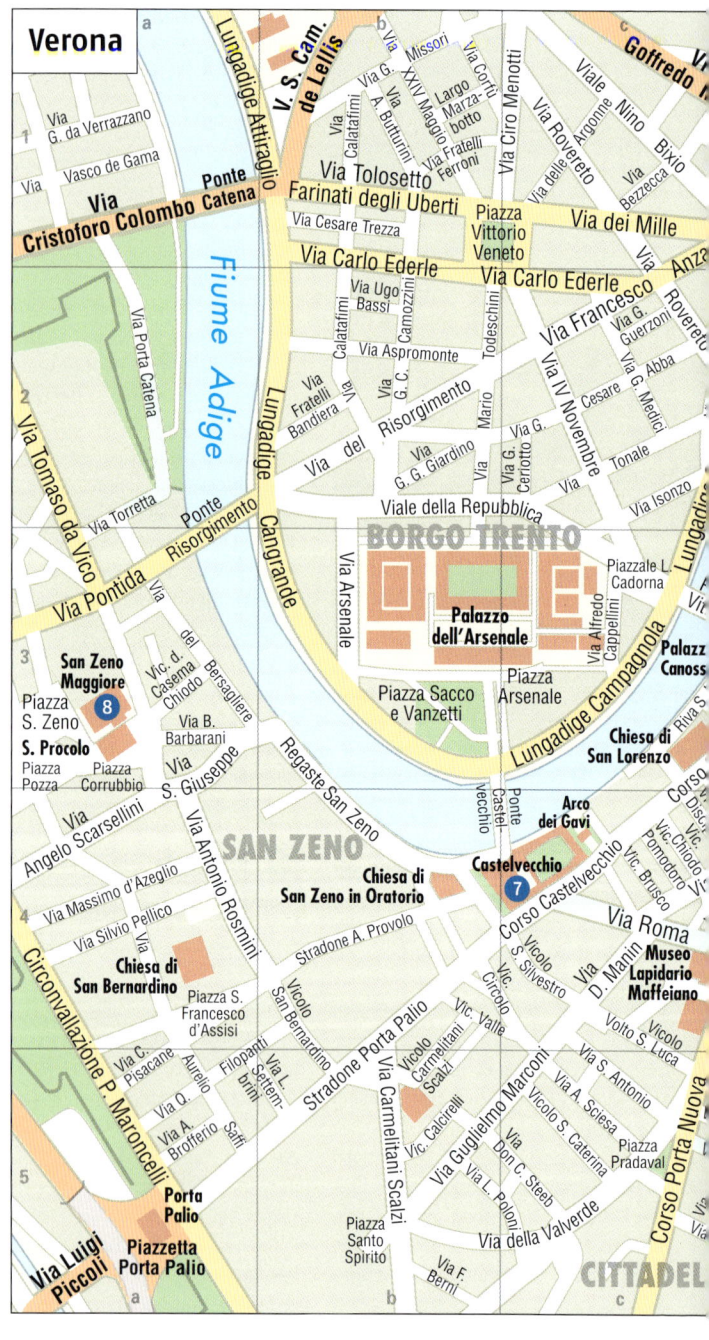

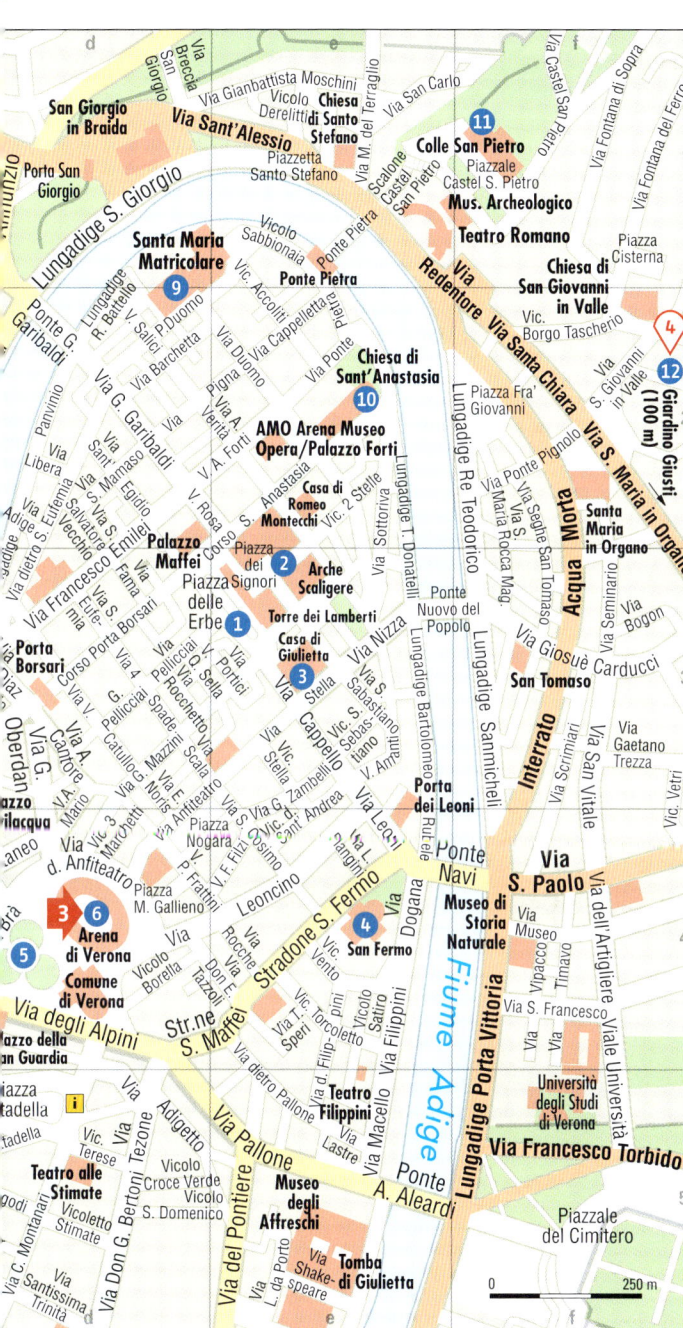

Im Blickpunkt

Balkon der Liebenden

Die tragische Geschichte von Romeo und Julia ist ein beliebter Stoff in Literatur und Film. Die bekannteste Version stammt von William Shakespeare aus dem Jahr 1597: Romeo, Angehöriger der Familie der Montague, und Julia, Mitglied der verfeindeten Capulet, verlieben sich ineinander – ihre Liebe gestehen sie sich gegenseitig in der berühmten Balkonszene. Sie heiraten heimlich. Bei einem Kampf tötet Romeo einen Cousin Julias und muss aus Verona fliehen. Julia soll von ihrer Familie mit einem anderen verheiratet werden. Um diesem Schicksal zu entgehen, nimmt sie einen Trunk zu sich, der sie wie tot scheinen lässt. Als Romeo in die Stadt zurückkehrt, sieht er die scheinbar tote Julia und vergiftet sich. Seine Geliebte erwacht, sieht ihrerseits den toten Romeo und ersticht sich aus Verzweiflung.

auf die Rückseite des Palazzo del Comune. Diesen trennt die Via Dante Alighieri – auch das Denkmal in der Mitte des Platzes zeigt Dante – vom Palazzo dei Tribunali (auch Palazzo del Capitano oder Palazzo di Cansignorio). Der gedrungene Wehrturm verrät die ursprüngliche Funktion als Festung, errichtet 1365 von dem grausamen Herrscher Cansignorio della Scala. Das von Säulen verzierte Eingangsportal fügte erst 1530 Michele Sanmicheli hinzu. Er gestaltete auch das ganz ähnliche Portal am Palazzo del Governo schräg gegenüber; nur ist auf diesem zusätzlich ein Markuslöwe zu sehen. Und auch beim Palazzo del Governo hat man es ursprünglich mit einer Skaligerresidenz zu tun – diesmal von Cangrande I. della Scala. Geht man unter dem Bogen rechts des Palazzo del Governo hindurch, erblickt man eine kleine Kirche, Santa Maria Antica, die Hauskirche der Skaliger. Davor stehen zwei baldachinartige Aufbauten, umzäunt mit einem verzierten Gitter. Es handelt sich um den etwas skurrilen Friedhof der Skaliger. Unter den Baldachinen befinden sich die Sarkophage von Cansignorio und Mastino II. Zurück auf der Piazza dei Signori ist weiterhin die Loggia del Consiglio zu besichtigen, das einstige Versammlungshaus des Stadtrats – unschwer zu erkennen an den rundbögigen, luftigen Arkaden im Untergeschoss und den Marmorstatuen berühmter Römer, darunter etwa Catull, auf dem Dach. Links neben der Loggia del Consiglio ist in einem Renaissancegebäude eines von Veronas legendärsten Lokalen untergebracht, der ehemalige Intellektuellentreff Caffè Dante – trotz der zentralen Lage sowohl auf einen Spritz als auch

Die Piazza dei Signori, einer der drei bedeutenden Plätze in Verona

für ein komplettes Menü eine exzellente Wahl. Die Stirnseite des Platzes ziert noch einmal ein prächtiger Palast, der Palazzo dei Giudici, Sitz der Richter zu venezianischen Zeiten.

■ Caffè Dante, Tel. 045/800 00 83, www. caffedante.it, So abends und Mo geschl.

❸ Casa di Giulietta
| Bauwerk |

Im Haus der Julia verschmelzen Fakten mit Fantasie. Ob es das Liebespaar Romeo und Julia wirklich gab, kann man nicht wissen. Zwei Familien mit Namen Montecchi und Cappelletti existierten im mittelalterlichen Verona aber tatsächlich. 1935 erkannte ein Veroneser Museumsdirektor in dem Hinterhofgebäude der Via Cappello 23 das Haus letzterer Familie und ließ es renovieren. Dabei wurden die Räume im Inneren mangels Kenntnis des Originalzustands recht frei gestaltet –

und kurzerhand der berühmte Balkon hinzugefügt. Seitdem gibt es kein Halten mehr für die Verliebten dieser Welt; die Casa di Giulietta ist eine wahre Pilgerstätte geworden. Viele betreten das Haus nur, um Julia-gleich von drinnen auf den Balkon zu treten. Eine weitere Pflichthandlung ist das Berühren der rechten Brust der Julia-Statue im Innenhof; das soll Glück in der Liebe bringen. Ebenso wie das Schreiben von Liebesbekundungen an die bereits vollgemalten Wände des Durchgangs zur Straße.

■ Via Cappello 23, Tel. 045/803 43 03, Mo 13.30–19.30, Di–So 8.30–19.30 Uhr, 6 €

❹ San Fermo
| Kirche |

1065–1138 errichteten Benediktinermönche über einem älteren Reliquienaltar der beiden Veroneser Märtyrer Fermo und Rustico eine Kirche.

Da der Altar nach Überschwemmungen abgesunken war, wurde daraus eine Doppelkirche – mit einer Unterkirche und einer darauf erbauten Oberkirche. 1260 übernahmen die Franziskaner das Kloster und bauten die Oberkirche im gotischen Stil um, während die Unterkirche romanisch belassen wurde. So präsentiert sich Erstere heute als einschiffige, prunkvolle Hallenkirche, abgeschlossen durch fünf Apsiden. Im Inneren fallen sofort die in Bögen zur Mitte hin ansteigende Holzdecke auf sowie die prächtigen Fresken im Chor. Die Unterkirche ist von freskierten, engen Säulenreihen gestützt – in Verbindung mit der niedrigen Decke wirkt sie dadurch fast höhlenartig.

■ Stradone San Fermo, www.chiese verona.it, Mo–Sa 10–18, So 13–18 Uhr, 3 €

 Piazza Brà
| Platz |

Von der Piazza delle Erbe führt die elegante Einkaufsstraße Via Mazzini zum dritten wichtigen Platz Veronas: der Piazza Brà. Ihren Namen, der sich vom deutschen Wort »breit« ableitet, trägt sie zu Recht – es handelt sich um den mit Abstand größten Platz der Stadt. Dominant ist das römische Amphitheater (S. 45). Außer dem Namen stammt auch der Brunnen auf

Veronas »Kolosseum« und populäre Freilichtbühne: die Arena

der Grünfläche, die Fontana delle Alpi, aus Deutschland – gestiftet von der Partnerstadt München und von Veronesern der Form wegen »strucca limoni« (Zitronenpresse) getauft. Am Südende des Platzes sind noch gut erhaltene Reste der mittelalterlichen Stadtmauer zu sehen. Der wuchtige, gelbe, neoklassizistische Palast neben dem Amphitheater stammt aus dem 19. Jh. und ist heute lediglich der Sitz des Gemeinderats. Rechts schräg gegenüber steht der architektonisch ansprechendere Palazzo della Gran Guardia, ein für das Militär im 17. Jh. begonnenes und im 19. Jh. in einer zweiten Bauphase fertiggestelltes Ge-

bäude. Heute finden darin wechselnde Kunstausstellungen statt. Dank etlicher Geschäfte und Restaurants rund um den Platz ist die Piazza Brà trotz aller Geschichtsträchtigkeit ein lebendiger Treffpunkt der Veroneser.

 Arena di Verona
| Amphitheater |
 Römisches Amphitheater, das seit 2000 Jahren in Betrieb ist

Die Arena di Verona sieht nicht nur aus wie das Kolosseum in Rom, sondern wurde auch zur gleichen Zeit (1. Jh. n. Chr.) errichtet und diente der gleichen Form der blutigen Unterhaltung. Sie ist heute die Hauptattraktion auf der Piazza Brà, nicht nur als touristische Sehenswürdigkeit, sondern tatsächlich als Aufführungsort für Opern und Popkonzerte, so etwa jeden Juni bis August für das Arena Opera Festival, bei dem es Opern von Verdi, Puccini & Co. zu erleben gibt. Der Sänger Zucchero macht ebenfalls bei jeder Tour in der Arena halt und füllt die rund 22 000 zur Verfügung stehenden Plätze. Solche Großveranstaltungen sind nicht zuletzt deshalb möglich, weil das Amphitheater erstaunlich gut erhalten ist, obwohl es im Mittelalter als Steinbruch diente und mehrere Erdbeben ihm zusetzten. Leider ist von dem äußersten Mauerring, der die Arena ursprünglich umgab und imposanter machte, nur noch ein Rest übrig (bei der Via Tra Marchetti). Doch das immerhin drittgrößte antike Amphitheater (nach dem Kolosseum in Rom und der Arena von Capua) ist auch so ein beachtenswertes Bauwerk. Es kann glücklicherweise auch außerhalb der Veranstaltungszeiten – wenn auch mit leeren Zuschauerrängen – betreten und besichtigt werden.

Im Blickpunkt

Brot und Spiele – die Arena

Wie andere römische Amphitheater wurde auch die Arena di Verona vornehmlich für Gladiatoren-
kämpfe und Tierhetzen gebaut.
Und auch nach den Römern blieben die Spektakel in der Arena
vorerst grausam: Im 13. Jh. verbrannte man dort im Zuge der
Inquisition Ketzer. Zu Zeiten der
venezianischen Herrschaft nutz-
ten dann Handwerker und Pros-
tituierte die Arkaden im Erdgeschoss für ihre Gewerbe. Auch
Stierkämpfe sah die Arena, Napoleon wohnte 1805 einem davon
als Zuschauer bei. 1913 wurde
anlässlich Verdis 100. Geburtstag
die Oper »Aida« aufgeführt – der
Startschuss für die Arena als
Schauplatz für Opernfestspiele
und Konzerte.

■ Piazza Brà, Tel. 045/800 51 51, www.
arena.it (für Veranstaltungen), Mo 13.30–
18.30, Di–So 8.30–18.30 Uhr, 10 €

Castelvecchio
| Festung |

Das »alte Kastell« entstand im 14. Jh.
unter dem Skaliger Cangrande II. Es
diente weniger der Abwehr feindli-
cher Truppen von außen, sondern
vielmehr der Flucht vor Fehden im Inneren der Stadt. Die Anlage ist zweigeteilt: in die dem Stadtkern zugewandte
Festung am Etschufer und den ehemaligen Wohnpalast auf der anderen
Seite des Flusses. Die Festung kommt
mit sechs wuchtigen quaderförmigen
Wehrtürmen und Schwalbenschwanz-

zinnen trutzig daher. Ein weiterer
mächtiger Wehrturm am Anfang der
über die Etsch führenden Brücke, dem
Ponte Scaligero, überragt die gesamte
Anlage. Im Inneren des Kastells ist das
Museo di Castelvecchio untergebracht. Es zeigt Skulpturen und Gemälde von Gotik über Renaissance bis Barock und führt durch die gesamte
Veroneser Kunstgeschichte dieser
Epochen. Höhepunkte sind die Werke
von Stefano da Verona, Antonio Pisanello, Tizian, Tintoretto, Paolo Veronese
und Tiepolo – vor allem aber die Reiterstatue des Cangrande della Scala,
gefertigt im 14. Jh. von einem unbe-
kannten Künstler. Beeindruckend sind
vor allem Haltung und Blick des Rei-
ters: Der Helm hängt ihm lässig im
Nacken, und dort scheint ihm auch der
Schalk zu sitzen. Denn der Cangrande
grinst den Betrachter frech und ver-
gnügt an, als wolle er gerade eine Gri-
masse für ein Foto schneiden. Eine
mögliche Interpretation ist, dass die
Skaliger damit ihre Ablehnung einer
übertriebenen Todesehrfurcht ver-
deutlichen wollten, wie die Kirche sie
progagiert.

■ Museo di Castelvecchio, Corso Castelvecchio 2, Tel. 045/806 26 11, www.museo
dicastelvecchio.comune.verona.it, Mo
13.30–19.30, Di–So 8.30–19.30 Uhr, 6 €

San Zeno Maggiore
| Kirche |

Die romanische Basilika aus dem 12. Jh.
ist dem Schutzheiligen der Stadt San
Zeno geweiht. Für die Figur in der Apsis der Kirche wurde nicht zufällig
schwarzer Marmor gewählt, denn San
Zeno stammte aus Afrika. Besondere
Aufmerksamkeit verdient die Fassade
der Basilika: Unter einer großen Roset-
te befindet sich ein reich geschmück-

tes Portal mit einem von Säulen gestützten Baldachin. Das Tympanon (der bogenförmige Bereich unter dem Baldachin) und die Reliefs zu beiden Seiten des Portals, umgesetzt von den Meistern Nicolò und Guglielmo, machen San Zeno zu einer der Vorzeigekirchen der norditalienischen Romanik. Mit Reliefs besetzt sind auch die Bronzetüren. Im dreischiffigen Innenraum besticht das Altarbild von Andrea Mantegna durch kräftige Farben und illusionistische Malerei.

■ Piazza San Zeno, www.chieseverona.it, März–Okt. Mo–Sa 8.30–18, So 12.30–18, Nov.–Feb. Mo–Sa 10–17, So 12.30–17 Uhr, 3 €

9 Santa Maria Matricolare
| Dom |

Der Dom von Verona aus dem 12. Jh. vereint romanische und gotische Stilelemente. Sofort ins Auge fällt der Vorbau des Portals, ein zweistöckiger, von Säulen gestützter Baldachin, ein Werk des Bildhauers Nicolò. Das für Verona typische Streifenmuster auf der rechten Außenwand rührt von zwei verschiedenen Baustoffen her: Tuff und Backstein. Der Glockenturm wurde noch von Michele Sanmicheli geplant, doch erst vor knapp 100 Jahren fertiggestellt. Den prachtvollen dreischiffigen Innenraum dominieren Säulen aus rotem Marmor und ein Kreuzrippengewölbe, vor allem aber die verschwenderisch ausgestatteten Kapellen in den Seitenschiffen. Die erste links des Eingangs zeigt gleich das Highlight des Doms: Tizians »Mariä Himmelfahrt« (1535), in der angeblich Architekt Michele Sanmicheli als betender Apostel (rechts vorne im Gemälde) verewigt ist. Die zweite Kapelle rechts verdient ebenso Beachtung dank eines Gemäldes von Liberale da Verona, der »Anbetung der Heiligen Drei Könige«. Bezaubernde römische Mosaiken zieren wiederum den Fußboden der Kapelle Sant'Elena

■ Piazza Duomo, www.chieseverona.it, Mo–Sa 10–17, So 13.30–17.30 Uhr, 3 €

Überbordend ausgeschmückt ist der Innenraum von Santa Maria Matricolare

Gut zu Fuß erkunden lässt sich der Hügel und Aussichtspunkt Colle San Pietro

10 Chiesa di Sant'Anastasia
| Kirche |

In rund 200-jähriger Bauzeit (13.–15. Jh.) vereinten Dominikaner die zwei ursprünglichen Kirchen zu einer einzigen, die heute den größten Kirchenbau in Verona darstellt. Das hohe Kreuzrippengewölbe wird von mächtigen Säulen getragen, die gleichzeitig den Innenraum in drei Schiffe gliedern. Zusammen mit den üppigen Ornamenten im Gewölbe entsteht ein festlicher Eindruck. Zwei buckelige Figuren, die eben sogenannten »due gobbi«, schultern mit genervten Blicken die Weihwasserbecken. Links neben dem Altar sticht eine Reiterstatue ins Auge, umgeben von protzigen Verzierungen. Es ist das Grabmal des letzten Skaliger-Feldherrn Cortesia Serego.

Das bedeutendste Werk in der Kirche aber ziert den Eingangsbogen der Cappella Pellegrini im rechten Querschiff: Antonio Pisanello malte Mitte des 15. Jh. den »hl. Georg und die Prinzessin«. Das Fresko ist Höhepunkt der gotischen Malerei in Oberitalien, deutet aber gleichzeitig die nahende Renaissance an, zu sehen an der perspektivischen Darstellung des Pferdes.

■ Via Don Bassi 2, www.chieseverona.it, Mo–Sa 9–18, So 13–18 Uhr, 3 €

11 Colle San Pietro
| Aussichtspunkt |

Erst stand auf dem markanten Hügel ein römischer Tempel, dann eine Petruskirche, danach eine Festung der Visconti, schließlich eine österreichische Kaserne. Das Gebäude ist zwar gut erhalten, jedoch ungenutzt und geschlossen. Allerdings erklimmt man den Hügel nicht des Bauwerks wegen. sondern des Ausblicks auf die Stadt und die Etsch – ein Panorama, das seinesgleichen sucht. »Erklimmen« lässt sich der Colle San Pietro sowohl per Auto (Parkplätze vorhanden) als auch zu Fuß (die Treppe hinauf neben der Via S. Stefano 1) und per Seilbahn.

■ Piazzale Castel San Pietro, Seilbahn: April–Okt. 11–21, Nov.–März 10.30–16.30 Uhr, Hin- und Rückfahrt 2 €

ADAC *Mobil*

Vom Gardasee-Ostufer fahren **Linienbusse** nach Verona, und zwar von Garda, Bardolino, Lazise, Colà di Lazise und Gardaland (Ticket zwischen 3,40 und 4 €). Takt ist ca. stündlich, Fahrzeit z. B. 1 Std. ab Bardolino, Endhaltestelle ist immer die Piazza Brà in Verona.

ADAC *Spartipp*

Jeden ersten Sonntag der Monate Oktober bis Mai kosten viele Museen und Sehenswürdigkeiten Veronas nur 1 Euro Eintritt. Das betrifft unter anderem Casa di Giulietta, Castelvecchio und die Arena.

 Giardino Giusti

| Park |

 Renaissancegarten in toskanischem Stil mit tollem Ausblick

Von Zypressen gesäumte Alleen, mythologische Steinskulpturen und Brunnen zwischen akkurat gepflegten Hecken – wüsste man es nicht besser, würde man sich in der Toskana wähnen. Tatsächlich kam die Familie Giusti aus Florenz und ließ sich hier im 15. und 16. Jh. einen Palast mitsamt Renaissancegarten im toskanischen Stil anlegen. Zentrales Element ist die Zypressenallee, die durch den Park auf eine Freitreppe zuführt, die ihrerseits zu einer Art natürlichen Terrasse hinaufführt, von der man herrliche Ausblicke auf Verona genießt. Ebenso blickt auch eine in Stein gehauene, riesige wilde Fratze auf die Stadt herab, der sogenannte »mascherone«. Bei Festen ließ man als »special effect« Feuer aus dem Maul des Ungetüms züngeln.

■ Via Giardino Giusti 2, Tel. 045/803 40 29, tgl. April–Sept. 9–20, Okt.–März 9–19 Uhr, 7 €

Parken

Wer keinen hoteleigenen Parkplatz hat, nimmt öffentliche Parkplätze und -häuser in Anspruch, zentrumsnah etwa an der Piazza Citadella, der Via Pallone oder der Via Campo Marzo.

Restaurants

€ | Osteria da Ugo So muss eine Osteria sein: urig, simpel und traditionell. Bei Ugo probiert man sich von den Antipasti bis zum »dolce« durch die Küche Venetiens, ohne den Geldbeutel arg zu strapazieren. ■ Vicolo Dietro S. Andrea 1/b, Tel. 045/59 44 00, www.osteria daugo.com, So nur mittags, Plan S. 40/41 e4

€€ | Locanda 4 Cuochi In einer Nebenstraße nahe der Arena servieren die »vier Köche« in jugendlichem Ambiente sowohl italienische Klassiker wie Gnocchi oder Ravioli als auch ihre Version eines spanischen Gazpacho. ■ Via Alberto Mario 12, Tel. 045/803 03 11, www.locanda4cuochi.it, Mo sowie Di mittags geschl., Plan S. 40/41 e3

€€ | Ristorante Vecio Macello Für die Antipasti hat man die Qual der Wahl zwischen einer exquisiten Fisch- und einer Fleischplatte. Und wer nach Primo (Risotto oder Pasta) und Secondo (Fleisch oder Fisch) noch Platz für den Nachtisch hat, lässt sich die »degustazione di dolci« bringen. Eine Reservierung ist empfohlen, da die Plätze schnell vergeben sind. ■ Via Macello 8, Tel. 045/803 03 48, www.veciomacello. com, So nur mittags, Plan S. 40/41 e5

Einkaufen

Pelletteria Cordovano Edles, Handgefertigtes aus Leder: Handtaschen, Geldbörsen und Büro-Accessoires. ■ Piazzetta Scala 2, Tel. 045/252 47 87, www. cordovano.it, Plan S. 40/41 d3

Gioielleria Soprana Die Juweliere stellen originellen Gold- und Silberschmuck nach eigenen Designs und in Handarbeit her. ■ Via Giosuè Carducci 11, Tel. 045/803 22 24, www.gioiellisoprana.it, So, Mo geschl., Plan S. 40/41 f3

Übernachten

Das Ostufer des Gardasees ist bestens auf den Touristenansturm eingerichtet, liegt es doch günstig an der Brennerautobahn A22, die durch das Etschtal führt und somit das rechte Seeufer optimal an Österreich und Süddeutschland anbindet. Längst sind deshalb Unterkünfte aller Sternekategorien verfügbar. Dennoch kann es nicht nur zur Hauptbadesaison im Hochsommer zu Engpässen kommen, sondern mindestens von Ostern bis September. Wer in seinem Wunschort kein Zimmer mehr findet, muss sich aber nicht grämen, wenn er um einige Kilometer ausweichen muss: Von Torbole im Norden bis Valeggio sul Mincio im Süden ist es gerade einmal eine Stunde Autofahrt. Extra geplant werden sollte jedoch eine Übernachtung in Verona, um Zeit fürs Sightseeing zu haben.

Torbole 18

€ | Villa Stella Einfache, aber top gepflegte Zimmer. Kurz außerhalb des Ortskerns im Grünen gelegen. Mit Pool. ■ Strada Granda 104, 38069 Torbole, Tel. 0464/50 53 54, www.villastella.it

⑤ **€€ | Santa Lucia** Aktivhotel mit speziellen Angeboten für Outdoorsportler. Für Mountainbiker gibt es geführte Touren, Rad- und GPS-Verleih sowie eine Fahrradwerkstatt, für Kletterer Kartenmaterial und Kontakte zu Guides, für Wassersportler Infos zu Kanuverleih und Surfschulen. Und für alle: Sauna, Fitnessraum, ein gesundes Frühstück und moderne Zimmer. ■ Via di Santa Lucia 6, 38069 Torbole, Tel. 0464/50 51 40, www.aktivhotel.it

Malcesine 20

€ | Hotel Lido Nur die Via Gardesana trennt den Gast auf seinem Balkon vom See. Die Zimmer sind funktional eingerichtet, ein kleiner Pool sorgt für Erfrischung. ■ Val di Sogno, 37018 Malcesine, Tel. 045/740 08 86, www.lido malcesine.com

Torri del Benaco 23

€€ | Gardesana Ein Hauch von Nostalgie aus dem 19. Jh. weht durch die Einrichtung. Die Zimmer mit Balkon und Blick auf den Bootshafen sind die schönsten. ■ Piazza Domizio Calderini 5, 37010 Torri del Benaco, Tel. 045/722 54 11, www.gardesana.eu

Garda 27

€€€ | Tobago Ein gehobenes Wellnesshotel mit Sauna, Salinenwasserfall, Schwimmbad und Restaurant mit Biokost und üppigem Weinkeller. Die Zimmer heißen nicht umsonst »Design Rooms«. ■ Via della Pace 1, 37016 Garda, Tel. 045/72 56 34, www.hotel tobago.it

Bardolino 29

€€ | Orchidea Zentral gelegenes, familiär geführtes und modern ausgestattetes Hotel garni. Wer gerne ausgiebig und viel frühstückt, ist hier richtig. ■ Via Madonnina, 37011 Bardolino, Tel. 045/721 01 58, www.hotel orchideabardolino.it

Lazise

€ | **Corte Pontigliardo** Im Ortsteil Colà von Lazise ist man zwar nicht direkt am See untergebracht, dafür aber abseits jeglichen Trubels, mit großem Schwimmbad, weitem Garten und ebenso rustikalen wie gepflegten, großzügigen Zimmern. ■ Via Pontigliardo 20, 37017 Lazise, Tel. 045/649 01 22, www.cortepontig liardo.it

Peschiera del Garda

€€€ | **Le Ali del Frassino** Romantische Lage am Frassino-See, herrschaftliche Villa mit fünf anderen Gebäuden und antiken Zitronenhäusern, 92 Zimmer im historischen Stil oder mit Motiven typischer Flora und Fauna, zwei Restaurants, drei Schwimmbäder im Außenbereich, Wellness mit allen Finessen, Fitnessbereich, Fahrradverleih auch für Kinder. ■ Strada S. Cristina 13, Loc. Laghetto del Frassino, 37019 Peschiera del Garda, Tel. 045/ 495 03 27, www.lealidelfrassino.it

ADAC *Das besondere Hotel*

Wer die Fantasiewelten der Vergnügungsparks Gardaland, Movieland oder Canevaworld mag, wird sich im **Hotel Parchi del Garda** wie zu Hause fühlen. Die »Experience«-Zimmer sind thematisch eingerichtet: wie eine Zauberhöhle, eine Korsarengaleone, eine afrikanische Savanne oder eine mediterrane Landschaft inklusive Vogelgezwitscher und Blumenduft. €€ | Via Brusà 16/17, 37017 Pacengo di Lazise, Tel. 045/649 96 11, www.hotelparchidelgarda.it

€€€ | **Palazzo Ai Capitani** Viel schöner als in diesem liebevoll renovierten Palazzo kann man Moderne und Tradition kaum verbinden: Einerseits ist das im Zentrum gelegene Hotel in jeglicher Hinsicht mit modernstem Komfort ausgestattet; andererseits sind an den Wänden Original-Freskomalereien aus dem 16. Jh. erhalten – zu bewundern im Flur sowie in zwei Suiten. ■ Via Castelletto 2/4, 37019 Peschiera del Garda, Tel. 045/755 27 42, www.palazzoaicapitani.it

Valeggio sul Mincio

€€€ | **Il Borghetto Vacanze nei Mulini** Wie der Name sagt, liegt das Hotel mitten im idyllischen Ortsteil Borghetto Unverputzte Steinmauern sowie Holzböden und -decken tragen zur romantischen Atmosphäre dieses schönen Hauses bei. Die Ausblicke auf den Fluss vom Zimmerfenster sind zum Niederknien. ■ Via Raffaello Sanzio 14/a, Loc. Borghetto, 37067 Valeggio sul Mincio, Tel. 045/795 20 40, www.borghetto.it

Verona

€€ | **Aurora** Von der Terrasse aus genießt man den Blick auf die Piazza delle Erbe und die Dächer der Altstadt – zentraler kann man nicht übernachten. ■ Piazzetta XIV Novembre 2, 37121 Verona, Tel. 045/59 47 17, www.hotelaurora.blz

€€€ | **Hotel Milano** Vom Zimmerfenster sowie vom Spabereich aus ist die Arena von Verona fast zum Greifen nah. Großzügige und edel gestaltete Zimmer. ■ Vicolo Tre Marchetti 11, 37121 Verona, Tel. 045/59 16 92, www.hotelmilano-vr.it

Vallagarina und Trento

Die Flusstäler nordöstlich des Gardasees halten kulturelle und landschaftliche Überraschungen bereit

Folgt man der Etsch von Verona aus flussaufwärts, entdeckt man gleich zwei reizvolle Landstriche: das für seinen exquisiten Rotwein bekannte Valpolicella sowie das sanfte Vallagarina. Naturliebhaber und Genussmenschen fühlen sich hier sofort in ihrem Element. Die Städte Rovereto und Trento heißen den Besucher sodann mit außergewöhnlichen Kulturattraktionen wieder in der Zivilisation willkommen. Am Lago di Toblino und im Sarcatal verlangsamt sich der Rhythmus wieder: Auf dem Weg zurück Richtung Gardasee reiht sich eine imposante Burg an die nächste, eingebettet in liebliches Grün und gesegnet mit einem milden Klima.

In diesem Kapitel:

ADAC Top Tipps:

Cattedrale di San Vigilio, Trento
| Kirche |
Beeindruckende romanische Kirche aus dem 13. Jh., die den bedeutendsten Platz Trentos dominiert und auch kulturhistorisch als Schauplatz des Konzils von Trient von weit reichender Bedeutung ist. 63

ADAC Empfehlungen:

⑥ Madonna della Corona, Vallagarina
| Kirche |
An eine senkrechte Felswand gebaute Wallfahrtskirche, die wie ein Adlernest am Felsen klebt. 56

⑦ Castello di Sabbionara, Avio
| Burg |
Gut erhaltene mittelalterliche Burg mit vielen sehenswerten Fresken und weitem Blick ins Etschtal. 58

⑧ MART, Rovereto
| Kunstmuseum |
Große Namen der futuristischen Kunst in einem architektonisch spektakulären Bauwerk. 61

Weinberge vor idyllischer Kulisse – der typische Anblick im Valpolicella

12 Valpolicella

Wandern und Wein trinken in einer verträumten Hügellandschaft

i | Information

■ I.A.T Consortium Pro Loco Valpolicella Viale Ingelheim 7, 37029 San Pietro in Cariano, Tel. 045/770 19 20, www.valpolicellaweb.it

Das Valpolicella begegnet einem ständig rund um den Gardasee und weit darüber hinaus, und zwar in flüssiger Form – der »Valpolicella« ist ein Klassiker der norditalienischen Rotweine. Und er wird im gleichnamigen Gebiet in zahlreichen Weinkellereien nicht nur produziert, sondern auch verkostet und direkt verkauft. Zweitwichtigstes Produkt des Valpolicella: der Mar-

mor, der hier seit zwei Jahrtausenden abgebaut wird und in etlichen historischen Bauwerken des nahe gelegenen Veronas verarbeitet ist. Nicht zuletzt ist die Gegend ein Paradies für Wanderer und Naturliebhaber.

Sehenswert

Pieve di San Giorgio di Valpolicella
| Kirche |

Von dem verträumten Ort San Giorgio di Valpolicella blickt man über das Etschtal hinweg bis zum Gardasee. Einen Besuch wert ist San Giorgio vor allem aber wegen der gleichnamigen Kirche, die zu den wichtigsten romanischen Kirchen im Veroneser Raum zählt. Fresken beleben den ansonsten kahlen Innenraum, an dessen Ende ein Altar mit einem baldachinartigen Aufbau steht, einem sogenannten Ziborium. Auffälligerweise ist die Kirche sowohl hinten durch drei Apsiden abgeschlossen als auch vorne durch eine – in Letztere wurde offensichtlich später der Eingang geschlagen.

◾ Piazza della Pieve, tgl. 8–17 Uhr

Restaurants

€€ | La Divina Hier nimmt man nicht nur wegen der vorzüglichen Pasta-, Fleisch- und Fischgerichte gerne Platz, sondern auch wegen der Aussicht auf den Gardasee. ◾ Via Conca d'Oro 1, Tel. 045/680 17 03, www.ristoranteladivina.it, Mi geschl.

Erlebnisse

Weingüter in Sant'Ambrogio di Valpolicella Was wäre ein Aufenthalt im Valpolicella ohne die entsprechende Weindegustation? Im Dorf Sant'Ambrogio di Valpolicella haben passenderweise gleich mehrere Weingüter ihren Sitz. In der Azienda Agricola Boscaini Carlo etwa reicht man nach dem köstlichen Roten auch noch Olivenöl und Grappa zur Verkostung sowie auf Wunsch zusätzlich Wurst und Käse aus der Region. Zudem kann der Weinkeller besichtigt werden. Die Azienda Agricola Meroni bietet Ähnliches sowie außerdem eine Führung mit Spaziergang zwischen den Weinreben an. Das Weingut Serego Alighieri – La Foresteria beeindruckt mit seiner ausnehmend schönen Lage und einer Villa inklusive Park, welcher bei einer Führung nebst Weinkeller ebenfalls besichtigt wird. Bei allen Weingütern ist zur Degustation eine Voranmeldung erforderlich. Alle Produkte können natürlich auch im Direktverkauf erworben werden.

◾ Azienda Agricola Boscaini Carlo: Via Sengia 15, Tel. 045/773 14 12, www.boscainicarlo.it
◾ Azienda Agricola Meroni: Via Roma 16a, Tel. 045/686 17 83, www.vinimeroni.com
◾ Serego Alighieri – La Foresteria: Via Giare 277, Tel. 045/770 36 22, www.serego alighieri.it

Wandern

Parco delle Cascate Befestigte und gut ausgeschilderte Wanderwege führen durch und über Schluchten, vorbei an rauschenden Bächen und tosenden Wasserfällen. Es empfiehlt sich, die Mühe der längeren (ca. 3 Std.), aber schöneren, schwarz markierten Tour auf sich zu nehmen. Auch und vor allem für Kinder ein schönes Naturerlebnis. ◾ Via Bacilieri 1, Molina, Tel. 045/72 01 85, www.parcodellecascate.it, April–Nov. 10–18 Uhr, 6 €, Kinder bis 11 Jahre 4 €

13 Vallagarina

Sanftes Tal mit außergewöhnlichen Burgen und Kirchen

Information

◾ Ufficio informazioni Vallegrina, Via F. Filzi 37, 38060 Brentonico, Tel. 04 64/39 51 49, www.visitrovereto.it

Das Vallagarina erstreckt sich nordöstlich des Gardasees ca. zwischen den Dörfern Borghetto im Süden und Besenello im Norden. Gemeint ist damit der entsprechende Abschnitt des Etschtals, das sich hier durch ein überraschend mediterranes Ambiente aus-

ADAC *Mobil*

Um zur Kirche Madonna della Corona zu gelangen, parkt man am besten auf dem großen Parkplatz bei der Bushaltestelle in der Ortsmitte von Spiazzi. Von da aus geht es einige Hundert Meter zu Fuß hinunter bis zur Kirche. Wer es bequemer mag, kann allerdings auch vom selben Platz aus den Bus nehmen. Er verkehrt von April bis Oktober und kostet 1,80 € für die einfache Fahrt, 3 € für Hin- und Rückfahrt.

zeichnet: Sowohl die Landschaft ist sanfter als auch das Klima milder als in den meisten nördlicheren und südlicheren Abschnitten. Dies begünstigt den Anbau von Obst und Wein – der Marzemino (rot) und der Moscato Giallo (weiß) sind die bekanntesten Weine der Gegend. Das Vallagarina ist nicht zuletzt ein beliebtes Wandergebiet, das mit etlichen Burgen bezaubert.

 Sehenswert

Madonna della Corona
| Kirche |

 An den senkrechten Felsen gebaute Wallfahrtskirche

Wie ein Adlernest klebt die Kirche an den steil zur Etsch abfallenden Felsen in schwindelerregender Höhe. Für diese unbequeme Lage hat sie allerdings beachtliche Ausmaße. Auf der linken Seite dient schlicht der Fels als Begrenzung des Gebäudes, sodass die Kirche wie aus dem Stein herausgewachsen scheint. Heiligstes im Inneren ist die Madonnenstatue mit dem toten Jesus auf den Knien. Zur Kirche selbst führt ein Kreuzweg mit 15 Stationen. Bereits im 13. Jh. gab es hier ein Kloster mit Kapelle, die heutige Kirche wurde im 17. Jh. fertiggestellt.

◼ Località Gabbiola, Spiazzi, www.madonnadellacorona.it, tgl. 8–18 Uhr

Villa Lagarina
| Museum |

Der unmittelbar bei Rovereto gelegene Ort zeichnet sich durch zwei Sehenswürdigkeiten aus: die Kirche Santa Maria Assunta und das Diözesanmuseum. Die Kirche bestand bereits seit dem 12. Jh., im 16. und 17. Jh. ließen sie aber die Grafen Lodron, die sozusagen als Mäzene der Kirche fungierten, im Stil des Barock grundlegend umgestalten. So präsentiert sich heute der einschiffige Innenraum so mit Stuck, Fresken, Gold und Ornamenten verziert, dass einem schier die Augen übergehen. Das Diözesanmuseum ist im Palazzo Libera aus dem 18. Jh. untergebracht. Auch hier zeigt sich das freigebige Mäzenatentum der Familie Lodron: Kostbare liturgische Gewänder, Spitzen, die einst Chorhemden schmückten, ein Vortragekreuz sowie ein wertvolles Messbuch gilt es zu bestaunen.

◼ Santa Maria Assunta: Piazza Santa Maria Assunta, Villa Lagarina

◼ Museo Diocesano Tridentino: Via Garibaldi 10, Villa Lagarina, Tel. 04 64/41 49 66,

Gefällt Ihnen das?

Madonna della Corona ist nicht das einzige Bauwerk an der Etsch mit einer solch exponierten Lage. Einige Kilometer weiter nördlich bietet das **Castello di Sabbionar**a, die Burg von Avio, herrliche Panoramablicke ins Tal.

Die Kirche Madonna della Corona ist waghalsig an den Fels gebaut

www.museodiocesanotridentino.it, Di,
Do, Fr 14–18, Sa, So 10–12.30, 14–18 Uhr,
Eintritt frei

Castel Beseno
| Burg |

Das Castel Beseno ist nicht umsonst
die größte Burganlage im Trentino: Ihre strategische Lage erlaubte seit dem
12. Jh. die Überwachung der Verbindungswege zwischen Italien und Mitteleuropa. 1487 war sie Schauplatz der
Schlacht von Calliano, in der die Trentiner die Venezianer besiegten. Anfang
des 16. Jh. bauten die Grafen von Trapp
sie zu ihrer heutigen beeindruckenden Form aus. Zu sehen gibt es Rüstungen und Waffen vom 15.–17. Jh., das
Burgtor samt Zugbrücke, einen großen Turnierplatz und die Wehrgänge,
die fulminante Ausblicke in das
Etschtal erlauben.
■ Località Compet, Besenello, Tel.
04 64/83 46 00, Mai–Okt. Di–So 10–18,
Nov.–April nur Sa und So bis 17 Uhr, 7 €,
Kinder bis 15 Jahre gratis

 Kinder

Cammino dei Dinosauri Vor 200 Millionen Jahren war das Vallagarina eine
große schlammige Ebene – sehr zur
Freude von großen und kleinen Dinosaurierfans, denn die Uhrzeitwesen
haben im mittlerweile versteinerten
Schlamm beeindruckende Fußabdrücke hinterlassen. Die »Schuhgrößen«
der Dinos lassen auf eine Körperlänge
von bis zu sechs Metern und ein Gewicht von bis zu 800 kg schließen.
Steintafeln erklären das Aussehen und
Leben der Fleisch- und Pflanzenfresser,
während man dem ausgeschilderten,
rund einstündigen Rundweg folgt. ■
Start- und Endpunkt am Ende der Strada
degli Artiglieri, Rovereto

 Erlebnisse

Azienda Agricola Albino Martinelli
Hier kann man ihn trinken, kaufen sowie sein Entstehen aus nächster Nähe
beobachten: den Marzemino, den be-

liebtesten Rotwein des Vallagarina. Nach Voranmeldung besichtigt man die Kellerei – auf Wunsch ist auch ein Spaziergang durch den Weinberg möglich – und verkostet die edlen Tropfen des Guts.■ Via Verdi, Chizzola di Ala, Tel. 04 64/69 61 16, www.albinomarti nelli.com

14 Avio

Ortschaft mit beeindruckender Burg und hervorragendem Wein

Der Ort Avio liegt unmittelbar an der Brennerautobahn – auf der Fahrt durch das Etschtal nimmt man ihn

Castello di Sabbionara, die mittelalterliche Burganlage von Avio

deshalb gerne »mit«. Wichtigste und unübersehbare Attraktion ist das Castello di Sabbionara, das über die Ortschaft wacht. Doch auch der Genuss kommt nicht zu kurz: Der Weinbau spielt eine große Rolle, wovon man sich bei Degustationen oder auch in den Restaurants des Ortes überzeugen kann.

Sehenswert

Antiquarium
| Museum |
Avio lag zu römischen Zeiten an der Via Claudia Augusta und war damit ein bedeutender Verkehrsknotenpunkt zwischen den Gebieten nördlich und denen südlich der Alpen. Das Museum bezeugt dies durch archäologische Funde aus der Gegend. Zu besichtigen sind z.B. römische Meilensteine, Grabinschriften aus dem 1. Jh. oder ein Kandelaber, der kurioserweise aus etruskischen Zeiten stammt und wohl durch frühen Handel in dieses Gebiet gelangte.
■ Piazza Vicariato 1, Tel. 04 64/68 40 58, Mi–So 11–17 Uhr, Eintritt frei

Castello di Sabbionara
| Burg |
7 *Alte Burg mit sehenswerten Fresken und tollem Blick ins Etschtal*
Die Burganlage über dem Ortsteil Sabbionara existiert mindestens seit dem 11. Jh. und erlebte etliche Herrschaftswechsel. Geblieben ist freilich stets die erhabene Lage, die einst militärische Vorteile bot und heute herrliche Panoramablicke mit sich bringt. Um den mächtigen Bergfried scharen sich eine Reihe von Gebäuden, die zeigen, dass die Anlage sowohl Festungs- als auch Wohncharakter hatte.

Im Wachhaus, der Casa delle Guardie, sind Fresken zu sehen, welche mit Lanzen, Schwertern und Pfeil und Bogen kämpfende Ritter zeigen. Auch der hl. Georg im Kampf mit dem Drachen ist vertreten. Auch das Zimmer im obersten Stock des Bergfrieds ist freskiert – allerdings mit Liebesszenen; es heißt dementsprechend Camera d'Amore.

■ Via al Castello, Tel. 0464/684453, März–Sept. 10–18, Okt. und Nov. 10–17, Mo, Di geschl., 7 €

 Restaurants

€ | Pizzeria Cavazzani So müssen Margherita, Quattro Stagioni oder Capricciosa schmecken. Einfach, gut und günstig. ■ Via Regina Elena, Tel. 0464/683050, Mo geschl.

€€ | La Locanda Del Castello di Avio Im Castello di Sabbionara ist dieses sympathische Lokal untergebracht, das trotz der perfekten Lage alles andere als eine Touristenfalle ist. Ob Pasta, Fleisch oder Süßes: Alles ist köstlich, und das rustikale Ambiente tut das Übrige. ■ Via al Castello, Mobiltel. 3288 756047, Mo und Di geschl.

 Erlebnisse

Maso Roveri Das familiengeführte Weingut produziert typische Trentiner Rot- und Weißweine. Bei einer rund zweistündigen Führung (Voranmeldung erforderlich) spaziert man zwischen Weinreben, lernt Wissenswertes zur Produktion und probiert sich schließlich durch eine Auswahl von Weinen. ■ Ortsteil Masi, direkt an der Staatsstraße 12 gelegen (auf Hinweisschilder achten), Tel. 0464/684395, www.masoroveri.it

Der futuristische Innenhof des Kunstmuseums MART (S. 61) in Rovereto

15 Rovereto

Moderne Kulturstadt mit sichtbar reicher Vergangenheit

 Information

■ Azienda per il Turismo, Corso Rosmini 16, 38060 Rovereto, Tel. 0464/430363, www.visitrovereto.it

Der Seidenindustrie verdankte Rovereto einst einen außergewöhnlichen Reichtum. Im 16. Jh. begann man mit der Seidenspinnerei und bescherte bis ins 18. Jh. der Stadt einen wahrhaften Boom. Auch wenn die glanzvollsten Zeiten vorüber sind: Bis heute prägen die selbstbewussten Bauten jener

Zeit die Innenstadt. Davor, von 1416 bis 1509, beherrschten die Venezianer Rovereto, und auch sie drückten der Stadt ihren Stempel auf, etwa in Form der grundlegenden Umgestaltung der Burg. Der heutige Besucher erlebt Rovereto vor allem im Zeichen der modernen Kunst, hat es doch gleich zwei bedeutende Museen dieser Kategorie zu bieten.

 Sehenswert

Palazzo Pretorio
| Palast |

Heutzutage ist der Palazzo Pretorio leider nur mehr von außen zu besichtigen, da hier das Rathaus untergebracht ist. Andererseits war das Gebäude stets der Mittelpunkt politischer Macht in der Stadt. Erbaut wurde der Palast bereits im 14. Jh. vom damals herrschenden Adelsgeschlecht der Castelbarco. Der Republik Venedig diente er sodann als Sitz des Podestà, also des von Venedig entsandten Administrators. Die Venezianer waren es auch, die der rechten Seite des Palazzo Pretorio sein heutiges Aussehen mit dem Bogengang und den Fresken verliehen. Die linke Seite und das Eingangstor wurden von den darauffolgenden Herrschern, den Habsburgern, gestaltet. Links vom Eingang zeigt eine Steintafel die verschiedenen Maßeinheiten aus den jeweiligen Herrschaftszeiten. Auf der Rückseite des Gebäudes sind Verzierungen aus dem 18. Jh. zu sehen.
■ Piazza Podestà 11

Das Kastell von Rovereto erzählt im Inneren die Geschichte des Ersten Weltkriegs

Castello
| Burg |

Als Venedig das Kastell im 15. Jh. übernahm, baute es es im Laufe seiner Herrschaft radikal um. Aus der mittelalterlichen Burg wurde eine für damalige Verhältnisse moderne Verteidigungsanlage, zu sehen an den Bastionen und klobigen Rondellen. Im Inneren der Anlage ist heute das Museo Storico Italiano della Guerra zu besichtigen. Anhand von Geschützen, Gewehren, Uniformen und Plakaten wird die Geschichte des Ersten Weltkriegs in Italien aufs Interessanteste erzählt.

■ Via Castelbarco 7, Tel. 04 64/43 81 00, www.museodellaguerra.it, Di–So 10–18 Uhr, 7,50 €

Casa d'Arte Futurista Depero
| Kunstmuseum |

Fortunato Depero war Futurist und erfüllte sich 1957 mit der Öffnung dieses Museums seinen Traum von zukunftsweisendem Design, moderner Grafik und Malerei. So ist das Haus bis heute weniger ein Museum als ein Gesamtkunstwerk, in dem Möbelstücke, Dekorationsobjekte und Bilder eine inspirierende und teilweise skurrile Symbiose eingehen.

■ Via Dei Portici 38, Tel. 04 64/43 18 13, www.mart.trento.it, Di–So 10–18 Uhr, 7 €

MART
| Kunstmuseum |

 Große Kunst der Moderne in einem spektakulären Bau

Schon das Gebäude selbst des Museo d'Arte Moderna e Contemporanea di Trento e Rovereto ist moderne Kunst: Der in strengen Formen gestaltete, helle Bau, ein Entwurf des auf Museumsbauten spezialisierten Tessiner Stararchitekten Mario Botta, wird durch eine markante Glaskuppel aufgelockert, die den Innenhof überspannt. Die Räume widmen sich italienischen Futuristen wie Enrico Prampolini oder Giacomo Balla, zeigen aber auch Werke von Andy Warhol oder Anselm Kiefer. Den Skulpturengarten zieren moderne Plastiken.

■ Corso Bettini 43, Tel. 04 64/43 88 87, www.mart.trento.it, Di–So 10–18, Fr bis 21 Uhr, 11 €

Parken

Großzügige Parkmöglichkeiten, wenn auch stets gebührenpflichtig, auf dem Parcheggio Follone (Via Saibanti) und dem Parcheggio Centro Storico an der Viale dei Colli (0,80 €/Std., 4 € ganztägig, 24 Std. geöffnet).

Restaurants

€€ | **Novecento** Das im Zentrum gelegende Restaurant des Hotel Rovereto ist beliebt, etwa wegen hausgemachter Pastaspezialitäten wie Tortelli mit Kürbis, Trentiner Knödel, Pizza aus vier Mehlsorten oder dem »Orzotto«, einem Gerstenrisotto. ■ Corso Rosmini 82/d, Tel. 04 64/43 52 22, www.hotel rovereto.it, So geschl.

€€ | **Ristorante Il Doge** Trotz der gehobenen Küche und dem geheimnisvollen Ambiente des Steingewölbes sind die Preise moderat. Mit dem »Befolgen« der Menüvorschläge der Kategorien Fisch, Fleisch, vegetarisch oder typisch (gemeint: typisch trentinisch) liegt man immer richtig. ■ Scala del Redentore 4, Mobiltel. 33 84 92 30 79, www.ristorantedoge.it, tgl. 12–14, 19–22 Uhr

16 Trento

Charmant-gemütlich und voll großer Sehenswürdigkeiten

![Piazza del Duomo]

Die Piazza del Duomo ist in jeder Hinsicht das Zentrum von Trento

ℹ️ Information

■ APT Trento, Piazza Dante 24, 38100 Trento, Tel. 04 61/21 60 00, www.discover trento.it
■ Parken S. 66

Trento mag zwar die Hauptstadt der italienischen Region Trentino-Südtirol sein, die eine wechselvolle österreichisch-italienische Geschichte hinter sich hat. Doch während die Provinz Bozen im Norden der Region stark deutschsprachig geprägt ist, befindet man sich in der südlicheren Provinz Trentino eindeutig in Italien. Das betrifft nicht nur die Sprache (Deutsch spielt im Alltag so gut wie keine Rolle), sondern vor allem auch das Stadtbild und die fühlbar italienische Lebenslust. Darüber hinaus versammelt Trento eine ganze Reihe von sehenswerten Museen und Kirchen.

👁️ Sehenswert

① Piazza del Duomo
| Platz |

Nicht nur in geografischer Hinsicht ist die Piazza del Duomo das Herz der Altstadt. Hier trifft man sich oder trinkt den ersten Cappuccino nach Ankunft in der Stadt. Vor allem aber ist sie eine Augenweide dank ihrer Bauwerke. In der Mitte überblickt Neptun auf seinem ausladenden Brunnen, der Fonta-

Bischof, Friedrich von Wangen, der im 13. Jh. dann aus der vormals frühchristlichen Kirche den Bau errichten ließ, wie man ihn heute bewundern kann, von kleineren Änderungen in späteren Jahrhunderten einmal abgesehen. So präsentiert sich das Gotteshaus zumindest von außen bis heute vorwiegend romanisch-schlicht. Der dreischiffige Innenraum hat dagegen gotische Anklänge – man beachte die hohen Pfeiler, welche die Schiffe trennen sowie das Kreuzrippengewölbe. Beachtung verdienen die Fresken aus dem 13.–15. Jh.; im linken Querschiff sind etwa die Enthauptung Johannes' des Täufers und eine stillende Madonna zu sehen. Eine weitere Madonna befindet sich im linken Teil des Querhauses, die Statue »Madonna der Ertrunkenen«. Ihr legte man einst die in der Etsch Ertrunkenen zur Identifizierung zu Füßen. Nicht zuletzt hat der Dom große Bedeutung als Schauplatz des Konzils von Trient, das 1545 hier eröffnet wurde und mit Unterbrechungen bis 1563 in Trento tagte. Statt jedoch wie geplant Katholiken und Protestanten einander wieder näherzubringen, geriet es vielmehr zum Startschuss für die Gegenreformation.

■ Piazza del Duomo, www.cattedralesan vigilio.it, tgl. 9.30–12.30 und 14.30–18 Uhr

na del Nettuno, das Geschehen. Überragt wird er freilich vom Glocken- und Uhrturm Torre Civica. Links neben dem Turm zieren zwei mit mythologischen Fresken (16. Jh.) geschmückte Häuser den Platz, die Case Cazuffi-Rella. Schräg gegenüber (links neben dem Restaurant Scrigno del Duomo) erblickt man eine ähnlich schön freskierte Fassade, die der Casa Balduini.

② Cattedrale di San Vigilio
| Dom |

4 *Wahrzeichen der Stadt und Schauplatz des Konzils von Trient*
Der Dom von Trento ist dem Stadtheiligen Vigilius geweiht, der im 4. Jh. Bischof der Stadt war. Es war ein anderer

③ Museo Diocesano Tridentino
| Museum |
Von der kirchengeschichtlichen Bedeutung Trentos zeugt das Diözesanmuseum der Stadt, das übrigens auch in Villa Lagarina (S. 56) eine Außen-

stelle hat. Es ist im historischen Palazzo Pretorio neben dem Dom untergebracht. Zu den Glanzlichtern der Ausstellung gehören: Gemälde und Wandteppiche aus der Zeit des Konzils von Trient, der mit kunstvollen Goldschmiedearbeiten bestechende Domschatz sowie Holzskulpturen aus dem 15. und 16. Jh., die seinerzeit Altäre zierten. Lohnenswert ist auch ein Besuch der frühchristlichen Vorgängerkirche des Doms, der Basilica Paleocristiana, die sich noch unter dem Dom befindet und von jenem aus mit der Eintrittskarte des Museums betreten werden kann. Dort ist unter anderem das Grabmal des hl. Vigilius zu sehen.

◼ Piazza del Duomo 18, Tel. 0461/ 23 44 19, www.museodiocesanotridentino. it, Mi–Mo 10–13, 14–18 Uhr, 7 €

④ Palazzo Quetta Alberti-Colico
| Palast |

Die Adelsfamilie Alberti-Colico, die hier vom 17.–19. Jh. residierte, war zwar namensgebend für den Palast; der Bau geht aber bis auf das 14. Jh. zurück. Die farbenprächtigen Fresken wiederum stammen aus dem 15. und frühen 16. Jh. Sie machen mit ihren großenteils abstrakten, verschnörkelten Ornamenten wie auch Adelswappen die Fassade zu einer der schönsten der Stadt.

Via Belenzani 32

⑤ Palazzo Geremia
| Palast |

Der Adelspalast ist eines der ersten Beispiele von Renaissancearchitektur in Trento. Er wurde Ende des 15. Jh. als Residenz von Giovanni Antonio Pona errichtet, adeliger Spross von Geremia Pona. Sofort fallen zwei Dinge ins Auge: einerseits die prachtvollen Fresken,

die in der obersten Fensterreihe als Scheinarchitektur gestaltet sind und die echten Fenster illusionistisch ergänzen. Andererseits die typisch venezianische Architektur mit von Säulen unterteilten Rundbogenfenstern, die hauptverantwortlich für die Eleganz des Gebäudes ist. Heute sind im Palazzo Geremia Büros der Gemeindeverwaltung untergebracht.

◼ Via Belenzani 20

⑥ Spazio Archeologico Sotteraneo del SAS (SASS)
| Archäologische Stätte |

Tridentum hieß die Stadt unter den Römern. Wie sie genau aussah, weiß man aber erst, seitdem man bei Bauarbeiten auf die Überreste stieß. So lassen sich heute im Trentiner Untergrund bewundern: ein beachtliches Stück des Decumanus (eine der Hauptstraßen der Stadt), Fußböden mit Mosaiken, ein antikes System für die Fußbodenheizung und ein vollkommen erhaltener Brunnen.

◼ Piazza Cesare Battisti, Di–So 9.30–13, 14–17.30 Uhr, 2,50 €

⑦ Castello del Buonconsiglio mit Castelvecchio
| Burg |

Trentos Kastell ist das Ergebnis etlicher Bauphasen unterschiedlicher Epochen: Der Kern der Burg rund um den Bergfried (Torre d'Augusto oder auch Mastio genannt) stammt aus dem 12. Jh. Der zweitälteste Teil ist das Castelvecchio, das »alte Schloss« (13.–15. Jh.), das den Fürstbischöfen als Wohnsitz diente. Dort befindet sich auch die Loggia Veneziana – der Säulengang ist ein beliebter Aussichtspunkt über die Innenstadt und ein vorzügliches Fotomotiv. Nachdem das Castelvecchio nicht mehr genügte, ließ Bischof Bernhard von Cles, der Vorbereiter des Konzils von Trient, den sogenannten Magno Palazzo prunkvoll ausgestalten: im Treppenhaus mit farbenfrohen Fresken, in der Sala Grande mit einer vergoldeten Decke oder in der Bibliothek mit einer bemalten Kassettendecke, gestaltet vom Maler Dosso Dossi. In der Torre Aquila erwarten dann den Besucher die wertvollsten Kunstwerke der gesamten Anlage: Ein unbekannter Künstler gestaltete im 14. Jh. den »Ciclo dei Mesi«, den Zyklus der Jahreszeiten. Verwunderlich ist, dass diese Freskenmalereien statt biblischen gänzlich weltliche Szenen thematisieren. Dargestellt sind die typischen Vergnügungen des Adels und die Arbeiten des einfachen Volkes in den jeweiligen Monaten. Der Januar etwa zeigt eine ausgelassene Schneeballschlacht der feinen Gesellschaft.

▨ Via Bernardo Clesio 5, Tel. 04 61/23 37 70, www.buonconsiglio.it, Di–So 10–17 Uhr, 10 €

8 **MUSE**

| Naturkundemuseum |

Das Museo delle Scienze bietet einen willkommenen Gegenpol zu den historischen Sehenswürdigkeiten der Stadt. In einem hochmodernen Komplex wird die gesamte Naturgeschichte der Erde lebendig. Ein Schwerpunkt liegt auf der alpinen Natur. Um alle sechs Stockwerke zu besichtigen, kann man gut einen ganzen Tag hier verbringen und über Dinosaurierskelette, ausgestopfte Tiere oder ein Biotop mit exotischer Flora und Fauna staunen und in etlichen Experimenten selbst zum Wissenschaftler werden.

▨ Corso del Lavoro e della Scienza, Tel. 04 61/27 03 11, www.muse.it, Di–Fr 10–18, Sa, So 10–19 Uhr, 10 €

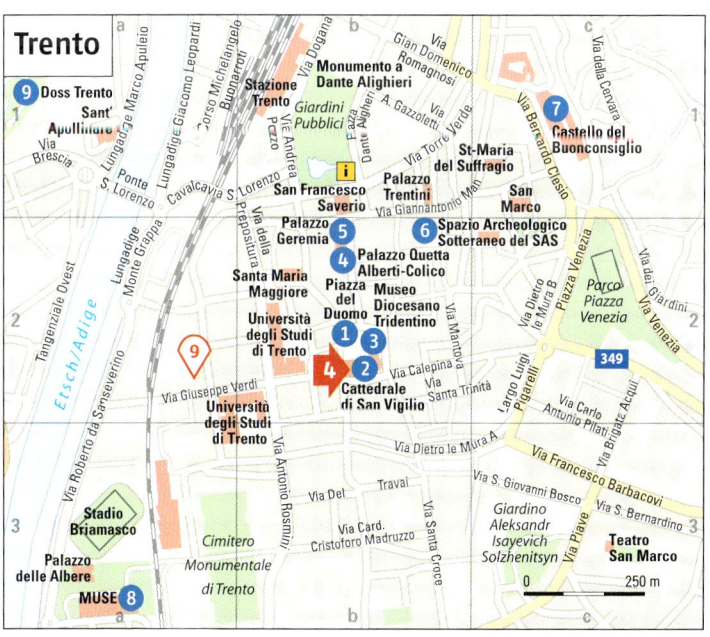

Das Museo delle Scienze (S. 65) weckt in seinen Besuchern den Forscherdrang

9 **Doss Trento**

| Park |

»La verruca«, die Warze, wird der kleine Hügel am Rande der Stadt aufgrund seiner markanten Form genannt. Er ist mit seinen gut 300 m Höhe ein wunderbarer Aussichtspunkt und zudem dank seiner reichhaltigen Flora ein botanisches Kleinod. Im Park befindet sich das Mausoleum von Cesare Battisti, ein Trentiner Freiheitskämpfer, der im Ersten Weltkrieg in der Stadt wegen Hochverrats hingerichtet wurde.
■ Zugang über die Piazzale Divisioni Alpine, von dort führt ein Fußweg hinauf, tgl. 9–19 Uhr

 Parken

Kostenpflichtig z.B. entlang der Via S. Croce, im Parkhaus in der Via Dietro le Mura A oder in der Via Torre Verde. 1 Std. 2,10 €, weitere 20 Min. 0,80 €.

 Restaurants

9 € | **Albert Pizza** Der Pizza-Geheimtipp der Stadt: Knuspriger Teig, frische Zutaten, nettes und einfaches Ambiente – so weit, so normal. Aus irgendeinem Grund sind die Pizzen bei Albert aber die besten in ganz Trento. Ein Grund könnte sein, dass der üppige Belag andernorts mindestens für zwei Pizzen reichen müsste. ■ Via Verdi 15, Tel. 0461/260094, Sa nur abends, So geschl., Plan S. 65 a2

€€ | **Ristorante Antica Trattoria Due Mori** In der heimeligen Atmosphäre schmecken deftige Tiroler Knödel, Lachsrisotto oder Carne Salada. ■ Via San Marco 11, Tel. 0461/984251, www. ristoranteduemori.com, So nur mittags, Mo geschl., Plan S. 65 c1

€€€ | **Osteria a Le due Spade** Welches Lokal kann schon auf fast 500 Jahre Geschichte zurückblicken? Dieses hier eröffnete pünktlich zum Konzil von Trient im Jahr 1545. Und wo schon kirchliche Würdenträger Hirschfilet oder Schlutzkrapfen mit Trüffel genossen, kann der Urlauber nicht falsch liegen. ■ Via Don Arcangelo Rizzi 11, Tel. 04 61/23 43 43, www.leduespade.com, So geschl., Mo nur abends, Plan S. 65 b2

Cafés

Cremeria Milano Kaffee, wie er in Italien sein sollte, dazu leckere Teilchen und Törtchen. Außerdem hübsch verpackte »kleine Sünden« zum Mitnehmen. ■ Largo Carducci 25, Tel. 04 61/98 47 79, Plan S. 65 c2

Einkaufen

Enoteca Grado 12 Hier ist man richtig, um Wein und Spirituosen aus der Region als Urlaubsandenken mitzunehmen – und wortwörtlich gut beraten. ■ Largo Carducci 12, Trento, Tel. 04 61/98 24 96, www.enotecagrado12.it, 9.30–13, 15.30–20 Uhr, Plan S. 65 c2

Kneipen, Bars und Clubs

Artè Disco Dinner Show Angesagter Club, in dem regelmäßig DJs und Bands fulminante Shows liefern. ■ Via Giambattista Unterveger 42, Mobiltel. 33 36 44 50 00, www.artetrento.it, Plan S. 65 nördl. a1

Kinder

Maxi Ooh! im MUSE Das Naturkundemuseum MUSE hat einen eigenen Bereich für Kinder von 0 bis 5 Jahren. Im »Maxi Ooh!« setzen die Kleinen spielerisch ihre Sinne ein. Der Raum ist mit Leuchten, Projektoren und vor allem

allerlei Sensoren ausgestattet, sodass er sich mit jeder Aktion des Kindes ändert. ■ Eintritt zusätzlich zum Museumsticket 2 €, Di–Fr 10–11 Uhr kein Extra-Museumsticket nötig

17 Lago di Toblino

Idyllisch gelegener Bergsee mit mittelalterlicher Burg auf einer Halbinsel

Information

■ Ufficio Turistico Valle dei Laghi, Via Roma 63, 38096 Vallelaghi, fraz. Vezzano, Tel. 04 61/21 60 50, www.discovertrento.it

Wie eine Verlängerung des Gardasees wirkt das Valle dei Laghi, das »Seental«, das einige kleinere Seen vereint, die sich nördlich des Gardasees auf der gleichen Nordnordost-Achse aufreihen. Der vielleicht malerischste von ihnen ist der Tobliner See, eingebettet in die Gebirgslandschaft und umgeben von Steineichenwäldern. Es handelt sich um ein Naturschutzgebiet, aber zum Baden wäre der auch im Sommer maximal 14 Grad kalte See ohnehin kein Genuss. Stattdessen labt man sich an der idyllischen Szenerie, nicht zuletzt begünstigt von der auf einer Halbinsel im See liegenden Burg.

Sehenswert

Castel Toblino
| Burg |
Ursprünglich war die Festung vollständig von Wasser umgeben. Doch als der Wasserspiegel des Lago di Toblino sank, wurde aus der kleinen Insel eine Halbinsel, sodass die Anlage heute auf dem Landweg zugänglich ist. Dem verträumten Charme der Burg hat das

keinen Abbruch getan. Wie einem Märchen entsprungen ruht die Anlage, umgeben von Bäumen, im See und spiegelt sich im Wasser – das perfekte Fotomotiv. Die Burg entstand im 12. Jh. und wechselte dann mehrmals die Besitzer, bis sie im 17. Jh. schließlich die Familie Wolkenstein erwarb. Die mittelalterlichen Elemente sind bis heute erhalten, ergänzt durch eine Renaissancefassade, die im 16. Jh. hinzugefügt wurde. Kurioserweise ist das Castel Toblino heute kein Museum, sondern ein Restaurant. Wer es von innen besichtigen will, sollte also Hunger mitbringen, wird den Besuch aber schon aufgrund der exquisiten Speisen nicht bereuen. Glücklicherweise hat man den ritterlichen Charakter so weit wie irgend möglich erhalten. So erwarten den Gast bereits im Innenhof eine Ritterrüstung, Schwerter an den Wänden und ein schöner Bogengang im ersten Stock. Die Räume des Restaurants sind teilweise freskenverziert und mit antiquarischen Möbeln ausgestattet. Die gehobenen Preise der Gerichte sollte man als »Eintrittspreis« für die Burg betrachten. Den besten Blick über den See hat man von der Terrasse des Restaurants.

◾ Localita'Castel Toblino 1, Calavino, Tel. 04 61/86 40 36, www.casteltoblino. com, Mo, Di geschl.

 Restaurants

€ | **Cantina Tipica Bressan** Die üppigen Brotzeitplatten mit lokalen Wurst- und Käsespezialitäten, begleitet von einem guten Wein, sind das Aushängeschild des Lokals. Die Preise sind niedrig, das Ambiente urig. ◾ Via Nazionale 53, Padergnone, Tel. 04 61/86 40 41, tgl. außer Mi 8–19 Uhr

 Einkaufen

Lunelli Verführerisch hängen die Schinken über der Theke, und jeder Winkel des Ladens wird genutzt, um Käse, Nudeln, Salsa, Olivenöl, Brot, Honig oder Wein unterzubringen. Bei Lunelli gibt es so ziemlich alles an Trentiner Feinkost zu kaufen oder, noch besser, direkt vor Ort zu verspeisen. ◾ Piazza Valussi 5, Sarche di Calavino, Tel. 04 61/56 41 66, www.lunelli.it, Mo–Sa 6.45–12.30, 15–19.15, So 7–13 Uhr

 Wandern

Passeggiata Castel Toblino – Ranzo Direkt gegenüber der Einfahrt zum Castel Toblino (auf der gegenüberliegenden Seite der Staatsstraße) beginnt der alte Maultierpfad, der hinauf zum Dorf Ranzo führt. Er war für die Bewohner von Ranzo lange Zeit der einzige Weg hinunter ins Tal. Der ausgeschilderte Wanderweg beginnt auf einer geradezu majestätischen Zypressenallee. Später passiert man den Bach Rio Ranzo, der in kleinen Wasserfällen ins Tal fließt. Teilweise verfallene Hütten entlang des Wegs erzeugen ein wildromantisches Ambiente. Bis kurz vor dem Dorf Ranzo ist der Weg dicht von Vegetation umschlossen und weist auch mäßig steinige Passagen auf, die halbwegs gutes Schuhwerk erfordern. Vor dem Abstieg auf dem gleichen Weg genießt man in Ranzo das Bergpanorama. Sich stärken und Wasser kaufen kann man in der Bar des Dorfs sowie im Supermarkt (beide in der Strada San Vigilio). Der einfache Weg misst ca. 3 km und überwindet 490 Höhenmeter, die Gehzeit beträgt rund 1,5 Std. ◾ Startpunkt: Castel Toblino, Localita'Castel Toblino 1, Calavino

18 Drena

Mittelalterliche Burg in einer kontrastreichen Landschaft

Drena liegt im Tal des Flusses Sarca, der bei Torbole in den Gardasee fließt. Insofern ist die kleine Gemeinde landschaftlich bereits begünstigt, wovon man sich bei einem Blick vom Burghügel überzeugen kann. Einen starken Kontrast zu dem lieblichen Antlitz des Tals bildet die raue Szenerie der Marocche di Dro, eine »Mondlandschaft« kurz außerhalb der Ortschaft. Die kaum 600 Einwohner täuschen leicht darüber hinweg, dass Drena bereits in der Frühgeschichte besiedelt war – eine solche erhabene Lage war eben zu jeder Zeit Gold wert.

 Sehenswert

Castello di Drena
| Burg |

Der Hügel, auf dem die Burg thront, war bereits im 3. Jahrtausend v. Chr. besiedelt, seit dem Frühmittelalter dauerhaft. Die Burg selbst existiert mindestens seit dem 12. Jh. – die Grafen von Arco erwarben sie 1175 von der Familie Seiano. Ihre strategische Lage, die die Kontrolle des darunter liegenden Tals erlaubte, machte sie immer wieder zum Gegenstand von Fehden zwischen Adelsgeschlechtern, zwischen Guelfen (Parteigänger des Papstes) und Ghibellinen (Parteigänger des Kaisers) sowie zwischen den Gräfen von Arco und den Fürstbischöfen von Trento. 1703 zerstörten die Franzosen

Die Burg der kleinen Ortschaft Drena wacht bis heute über das Sarcatal

Der Sarca-Radweg folgt dem Flusslauf bis zum Gardasee

unter General Vendôme Teile der Anlage. Von da an diente das Kastell als Steinbruch für Baumaterial, konnte aber im 20. Jh. restauriert wurden. Über die Jahrhunderte wurden zwar Umbauten durchgeführt, ihren mittelalterlichen, wehrhaften Charakter hat sich die Burg aber bis zum heutigen Tag bewahrt: Die Wehrmauer, wenn auch nicht vollständig erhalten, ist bestückt mit Schwalbenschwanzzinnen. In der Mitte ragt hoch der Bergfried auf, von welchem sich weit reichende Ausblicke auf das Sarcatal ergeben. Außerdem sind noch Reste der ehemaligen Kastellkirche zu sehen, der Turnierplatz sowie der Wohnpalast. Eine kleine Ausstellung erzählt die Geschichte der Burg.

■ Via al Castello, Tel. 04 64/54 11 70, März–Okt. Di–So 10–18 Uhr, Nov., Dez. und Feb. nur Sa und So, Jan. geschl., 4 €

Cafés

Bike & Wine Bar Direkt am Sarca-Radweg, mitten im Grünen, liegt dieses familienfreundliche Lokal. Deftige Brotzeiten, leckere Strudel sowie guter Kaffee und Wein zeichnen die Küche aus. ■ Località Centrale Volta 3, Dro, Mobiltel. 33 31 68 09 64

Sport

Radweg Basso Sarca Durch das Sarcatal führt die Ciclabile Basso Sarca. Dieser Radweg führt von Drena über Arco bis nach Torbole zum Gardasee. Dort ist er mit dem Gardasee-Radweg verbunden. Da die Strecke meist nah am Fluss verläuft, ist sie landschaftlich reizvoll und dank geringer Höhenunterschiede auch für Kinder und wenig Geübte geeignet. Karten und GPS-Daten können unter www.ciclabili.provincia.tn.it heruntergeladen werden. ■ Einstieg z. B. bei der Località Centrale Volta, Dro

ADAC *Spartipp*

Das Festival **Garda Jazz** findet jedes Jahr von Mitte Juli bis Mitte August statt. Veranstaltungsorte sind u. a. Torbole, Arco, Riva del Garda – und auch Drena. Besonders stimmungsvoll sind die Konzerte im Castello die Drena. Die Ticketpreise bewegen sich um die 10 €. Einige Konzerte sind sogar gratis.
www.gardajazz.com

🚗 In der Umgebung

Marocche di Dro

| Gesteinslandschaft |

Westlich von Drena stößt man auf ein eigenartiges karges Geröllfeld, das Ähnlichkeit mit einer Mondlandschaft besitzt und daher auch »Valli della Luna« genannt wird. Es handelt sich um das größte eiszeitliche Bergsturzgebiet der Alpen. Als die Gletscher abtauten, verlor das Gestein seinen Halt und rutschte irgendwann zwischen 3000 und 200 v. Chr. in gewaltigen Felslawinen Richtung Tal. So bietet sich heute eine Wüste dar, die teils aus grobem Geröll, teils aus häusergroßen, groben und kantigen Felsen besteht. In dieser Landschaft hat sich eine ganz eigene Flora und Fauna entwickelt: Zwischen den Steinen leben Eidechsen und (ungiftige) Nattern, zudem sprießt eine Art von Bonsaibäumchen zwischen dem Gestein hervor. Hinzu gesellen sich Wacholder, Ginster, Zitterpappeln und Felsenbirnen, ebenso diverse Vogelarten und Gottesanbeterinnen. Vor 190 Millionen von Jahren lebten hier sogar fleisch- und pflanzenfressende Dinosaurier mit bis zu 6 m Länge. Ihre Spuren sind bis heute im östlichen Teil des Gebiets sichtbar, wenn auch von der Erosion stark abgetragen. Ein 5,5 km langer Rundwanderweg führt in ca. 2,5 Std. durch die Marocche und auch an den Dinosaurierspuren vorbei. Selbst als Nicht-Bergsteiger (und natürlich als Kind) wird man kaum widerstehen können, auf ein paar der bizarren Felsbrocken zu klettern.

■ Località Lavini, Dro, auf halber Strecke auf der Strada Provinciale 84 von Drena nach Dro befindet sich rechts ein Parkplatz, auf das braune Schild »Marocche di Dro« achten.

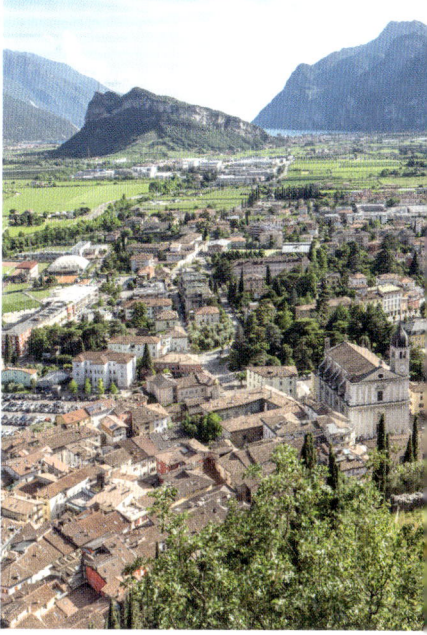

Von der Burg über Arco erspäht man in der Ferne den Gardasee

19 Arco

Sehenswertes Städtchen mit mildem Klima und exotischem Park

ℹ️ Information

■ Ufficio Informazioni, Viale delle Palme 1, 38062 Arco, Tel. 04 64/53 22 55, www. gardatrentino.it

Dank der Lage zwischen Bergen und Gardasee verfügt die Kleinstadt Arco über ein ausnehmend mildes Klima. Dieses war sicherlich ein Grund, warum die Habsburger hier einen Garten mit exotischen Pflanzen anlegten, den Parco Arciducale. Schön anzusehen ist Arco aber auch wegen des keilförmigen Felsens, auf dem die Burg thront, sowie der hübschen Innenstadt.

Sehenswert

Castello di Arco
| Burg |

Der Burghügel beherrscht den Ort in optisch markanter Weise: Im Halbrund reihen sich die Häuser der Altstadt um ihn, als wollten sie ihm Ehre bezeugen. Das Kastell wurde im 12. Jh. erbaut und war Herrschaftsmittelpunkt der machthungrigen und häufig in Fehden verstrickten Grafen von Arco. Heute bietet die Burg vielmehr einen idyllischen Anblick, wie sie sich zwischen Steineichen und Zypressen erhebt, von den Panoramablicken ins Umland ganz zu schweigen, die man bei dem 20-minütigen Aufstieg auf den Burghügel genießt. Nicht zuletzt deshalb verewigte sie Albrecht Dürer 1495 in einem Aquarell. Dass sie im 14. Jh. auch im Besitz der Skaliger war, ist deutlich an den Schwalbenschwanzzinnen zu erkennen. Wichtigste Sehenswürdigkeit im Inneren der Anlage ist die Sala degli Affreschi. Diese enthält einen Freskenzyklus aus dem 14. Jh., der das Leben der Ritter und Adeligen auf lebendige Weise darstellt.

■ Via Castello, Tel. 0464/510156, tgl. April–Sept. 10–19, Okt.–März 10–16 Uhr, Jan. nur Sa und So, 3,50 €

Parco Arciducale
| Botanischer Garten |

(10) *Ehemaliges Erholungsgebiet für den österreichischen Hochadel* Erzherzog Albert von Habsburg gründete 1873 den Park und schuf sich somit eine bis heute bezaubernde medi-

Die einst so wehrhafte Burg von Arco wirkt heute fast lieblich

Gefällt Ihnen das?

> Exotische Pflanzen gibt es nicht nur im **Parco Arciducale** (S. 72) in Arco zu sehen, sondern auch im **Heller Garden** (S. 90) in Gardone Riviera am Gardasee-Westufer. Der Park bietet eine schier unendliche Vielfalt an Pflanzen aus allen Erdteilen.

terrane Oase. Rund 200 Pflanzenarten sind in dem Garten vertreten, die meisten davon Vertreter der Mittelmeer-Flora. Doch es gibt auch Seidenbäume, Japanische Iris und Mammutbäume. Hinweisschilder beschreiben die Besonderheiten der Pflanzen, die je nach ihren natürlichen Lebensräumen in Gruppen gepflanzt sind, sodass sich mehrere unterschiedliche Habitate ergeben.
■ Via Fossa Grande, Tel. 04 64/58 36 36, tgl. April–Sept. 8–19, Okt.–März 9–16 Uhr, Eintritt frei

Parken

Gebührenpflichtige Parkplätze z.B. an der Via Porta Scaria und der Via della Cinta.

Restaurants

⑪ €€ | **Trattoria Belvedere** Zwei Dinge muss man hier gegessen haben: Carne Salada, eine Trentiner Fleischspezialität, und Canederli, die regionale Version von Knödel. Speisekarte gibt es keine; die Chefin trägt vor, was heute neben den genannten beiden Köstlichkeiten zur Auswahl steht. Die Portionen sind groß, das Ambiente stilvoll dank des historischen Gebäudes. ■ Via Serafini 2, Varignano di Arco,

Tel. 04 64/51 61 44, www.trattoriabelvedere.it, Mi geschl.

Einkaufen

⑫ **Omkafè** Diese bereits 1947 gegründete familiengeführte Kaffeerösterei muss man einfach mögen. In die einzigartigen Mischungen kommen nur Bohnen höchster Qualität, alle Sorten kann man in einer Verkostung probieren, den Kaffee im Shop erwerben und zu allem Überfluss noch ein kleines Kaffeemuseum gratis besuchen. Wen das noch nicht überzeugt, sollte wissen, dass die Produktion zu 100 Prozent aus erneuerbaren Energien erfolgt und sämtliche Verpackungen aus recyclebaren Materialien bestehen. ■ Omkafè, Via Aldo Moro 7, Tel. 04 64/55 27 61, www.omkafe.com, Mo–Fr 14.30–18.30, Sa 8–12 Uhr

Im Blickpunkt

Carne Salada – eine Trentiner Spezialität

Das Salzfleisch ist die kulinarische Spezialität schlechthin der Gegend rund um Arco. Ursprünglich salzte man das Fleisch nur, um es haltbar zu machen. Glücklicherweise bewahrte man die Tradition, auch wenn Kühlschränke heute diese Aufgabe übernehmen. Carne Salada ist fettarmes Rindfleisch, das zu dünnen Scheiben ausgewalzt und mit Salz, Pfeffer, Rosmarin, Lorbeer und anderen Zutaten gewürzt wird. Man hat die Qual der Wahl zwischen der rohen Version (Carpaccio) oder der gebratenen Beilage sind fast immer Bohnen.

Übernachten

Es ist überraschend, wie günstig die Übernachtungen werden, kaum dass man nicht mehr direkt am Gardasee ist. Selbst in Trento profitiert man noch von einem erstaunlichen Preis-Leistungs-Verhältnis. Im Valpolicella, Vallagarina, in Rovereto, am Lago di Toblino sowie im Sarcatal muss man geradezu nach gehobenen Preisen suchen. In den ländlichen Gegenden finden sich viele Agriturismi, d. h. landwirtschaftliche Betriebe, die auch Ferienzimmer nach dem Konzept »Urlaub auf dem Bauernhof« zur Verfügung stellen. Statt einem bäuerlichen Ambiente stößt man dort aber stets auf ein komfortables, bisweilen fast luxuriöses Flair.

Valpolicella 54

€ | **Agriturismo Corte Ambrosi** Der landwirtschaftliche Betrieb produziert Nektarinen und beherbergt Feriengäste in modernen und zugleich gemütlichen Zimmern. ■ Via Valpolicella 31, 37026 Santa Lucia di Pescantina, Mobiltel. 38 99 57 17 84, www.agriturismocorteambrosi.it

€ | **Agriturismo Corte Cariano** Mitten auf einem Weingut sind hier Ferienapartments mit viel Liebe zum Detail eingerichtet. Die Führung über den Weinberg sollte man unbedingt mitmachen. ■ Via Cariano 10, 37029 San Pietro in Cariano, Tel. 045/689 94 47, www.cortecariano.com

Vallagarina 55

€ | **Agriturismo Al Picchio** Umgeben von Obstbäumen und Weinreben nächtigt man in einem wunderschön restaurierten Gebäude aus dem 16. Jh. ■ Contrada Sdruzzinà 20, 38061 Ala, Tel. 04 64/67 28 25, www.agritural picchio.it

⑬ € | **Casa del Vino della Vallagarina** Edle Zimmer zu kleinen Preisen, dazu Spitzenrestaurant und Weinladen. Das Haus ist in der Gegend als hervorragendes Restaurant und gut sortierter Weinladen bekannt. Mindestens genauso attraktiv sind die Hotelzimmer im Obergeschoss: ein Ambiente wie im Luxushotel, Preise wie im Bed & Breakfast. ■ Piazza S. Vincenzo 1, 38060 Isera, Tel. 04 64/48 60 57, www.casadelvino.info

Avio 58

€ | **B&B Il Sogno** Im Ortsteil Sabbionara, nahe der Burg gelegen, bietet das Bed & Breakfast einfache, aber gepflegte und sehr großzügige Zimmer. ■ Via Castelbarco 11, 38063 Avio, Tel. 04 64/68 70 59

Rovereto 59

€ | **B&B Relais Mozart** Ruhig gelegen am Rande von Rovereto in einer ehemaligen Zitrusplantage. Eine heimelige Atmosphäre und ein schöner Garten zeichnen das frisch renovierte Haus aus. Für Radfahrer gibt es eine extra Garage mit Reparaturwerkstatt sowie Tipps für Touren. ■ Via Cittadella 41, 38060 Rovereto, Mobiltel. 33 91 77 21 73, www.relaismozart.it

€ | **Hotel Rovereto** Die zentrale Innenstadtlage sowie das gediegene Ambiente in einem Palast aus dem 19. Jh. sind die größten Pluspunkte. Aber auch das hoteleigene Restaurant ist zu empfehlen. ■ Corso Rosmini 82/d, 38060 Rovereto, Tel. 0464/43 52 22, www.hotelrovereto.it

Trento 62

€ | **B&B Al Palazzo Malfatti** Wenige Schritte von der Piazza del Duomo entfernt wartet das Bed & Breakfast mit modernen Zimmern in einem historischen Palast sowie mit einem reichhaltigen Frühstück auf. ■ Via Belenzani 47, 38100 Trento, Tel. 046/192 21 33, www.bbpalazzomalfatti.it

€€ | **Hotel Aquila d'Oro** Freunde kreativen Designs haben an der Einrichtung ihre helle Freude. Jedes Zimmer ist individuell gestaltet, z. B. mit Baumstämmen. Einige verfügen zudem über einen privaten Wellnessbereich mit Multifunktionsdusche und Sauna. ■ Via Belenzani 76, 38100 Trento, Tel. 046/198 62 02, www.aquiladoro.it

€€€ | **Hotel Villa Madruzzo** Die Lage außerhalb der Innenstadt kompensiert das Hotel locker dank Spabereich, fürstlichem Ambiente und perfektem Service. Und in der stylischen Eagle Bar gönnt man sich gerne einen zweiten Cappuccino. ■ Via Ponte Alto 26, 38100 Trento, Tel. 046/198 62 20, www.villamadruzzo.com

Lago di Toblino 67

€ | **Miralaghi** Einfaches Hotel direkt am See. Mit Pool und Garten perfekt für Familien. ■ Via Nazionale 174, 38070 Padergnone, Tel. 0461/86 40 10, www.albergomiralaghi.com

Bei Drena 69

€ | **B&B Centro Arcangelo** Der Pool, das exquisite Frühstück, die Lage im Grünen, der Blick in die Berge sowie die Angebote für Wellness und Massage machen den Urlaubsgast rundum zufrieden. ■ Via Prati 37, 38074 Dro, Tel. 0464/50 47 71, www.centroarcangelo.it

€ | **Hotel Ciclamino** Zehn Kilometer von Drena entfernt mitten im Grünen gelegen. Auf den ersten Blick eine einfache Unterkunft für Mountainbiker und Motorradfahrer, jedoch mit modernen Zimmern, Pool und sehr gutem Restaurant ausgestattet. ■ Via Cargadori 1, 38070 Pietramurata, Tel. 0464/50 71 40, www.hotelciclamino.com

Arco 71

€ | **Agriturismo Vecchio Borgo** Die Winzerfamilie hat auf ihrem Landgut drei große Apartments (bis zu sechs Personen) eingerichtet. Der Blick reicht weit über das Sarcatal. ■ Località Braila, 38062 Arco, Mobiltel. 34 96 50 72 13, www.agriturvecchioborgo.it

€ | **Marchi** Trotz der zentralen Lage dieses einfachen, aber schönen Hotels ist es sehr ruhig. Von der Terrasse aus blickt man auf den Castello di Arco. ■ Via Ferrera 22, 38062 Arco, Tel. 0464/51 71 71, www.hotelmarchi.com

€ | **Maso Le 4 Stagioni** Ein wenig außerhalb von Arco, aber gastfreundlich, familiär, rustikal und komfortabel. Vom Pool genießt man einen wunderbaren Blick in die Berge. Und auf den Tisch kommen Produkte aus der eigenen Landwirtschaft. ■ Località Gerone, 38062 Arco, Tel. 0464/53 26 23, www.masole4stagioni.it

West- und Südufer

*Von den schmucken Städtchen der Westküste bis zur fruchtbaren
Valténesi und der südlichen Burgenstrecke bis Sirmione*

Die Westküste des Gardasees wird im
Norden von Bergen und Steilküsten
geprägt. Die Strecke zwischen Riva del
Garda und Gargnano (29 km) ließ sich
deshalb nur durch eine Reihe von
Tunnels erschließen. Dazwischen liegen romantische Hafenstädtchen mit
Kiesstränden. Über der Küste liegen
die mit Wanderwegen übersäten
Hochebenen von Tremosine sul Garda
und Tignale, gefolgt vom Montegarg-
nano mit bewohnten Orten bis in 750
m Höhe. Richtung Salò flacht die Landschaft ab und geht in die fruchtbare
Hügellandschaft Valténesi mit malerischen Dörfern, Weingärten und teils
noch bewohnten Burganlagen über.
Am Südufer liegen die historisch geprägten Ferienorte Desenzano und
Sirmione.

In diesem Kapitel:

ADAC Top Tipps:

 Bucht von Riva
| **Wasserlandschaft** |
Zwischen den steil in den See abfallenden Felswänden des Monte Rochetta im Westen und dem
Monte-Baldo-Massiv im Osten
schmiegt sich das idyllische
Stadtbild Riva del Gardas in die nord-
westliche Bucht, umrahmt
von Ausflugsbooten, Fähren und
Surfern. 78

 **Strada della Forra,
Tremosine sul Garda**
| **Schluchtstraße** |
Überhängende Felsen, finstere Tunnel, enge Kurven, steile Schluchten,
oben nur ein schmaler Streifen Himmel – das sind die Eckdaten einer
wilden Piste durch das Tal der reißen-
den Brasa. Nur für nervenstarke
Piloten und schwindelfreie Beifahrer
ein Vergnügen. 82

 Grotte di Catullo, Sirmione
| Römische Ruine |
Die Villa wurde im Jahr 150 n. Chr. erbaut, 200 Jahre nach dem Tod des Dichters Catull. Die sogenannten Grotten sind eigentlich gigantische Mauerbögen aus Ziegelstein. Sie dienten als Stützen der am Hang über dem See errichteten Villa. 99

ADAC Empfehlungen:

 Spiagge Sabbioni und dei Pini, Riva del Garda
| Badestrände |
2 km ineinander übergehende Badelandschaft mit grünen Inseln, Brückchen, Buden für Eis und Snacks, Kinderwippen und ein Fitnessparcours für die Sportlichen. 79

 Schauderterrasse, Tremosine
| Aussichtsplattform |
Eine Kaffeepause im Hotel Paradiso erlaubt auf der 350 m über der Steilküste schwebenden Schauderterrasse atemberaubende Ausblicke. 83

 Valle delle Cartiere, Toscolano-Maderno
| Wanderung |
Ruinen der ehemaligen Papiermühlen wechseln sich mit Infotafeln ab, im Sommer rattert eine kleine Touristenbahn bis zum Papiermuseum. 89

 Isola del Garda
| Insel |
Die neugotische Prachtvilla im See wird noch heute bewohnt, man kann sie aber geführt besichtigen. 94

 Parco Archeologico Naturalistico, Manerba
| Ruine |
Umfangreiche Burgruine, jederzeit frei zugänglich, mit fantastischem Blick über den See vom Gipfelkreuz. 95

 Villa Romana, Desenzano
| Archäologische Stätte |
Römische Villa (2./3. Jh. n. Chr.) mit figurenreichen römischen Mosaikböden: Amors Gehilfen bei Weinlese, Olivenernte und Fischfang. 97

Diese hübsche Promenade im Süden Rivas wurde dem See abgetrotzt

20 Riva del Garda

Die Perle am nördlichen Gardasee schmückt die romantische Bucht

i Information

■ Azienda per il Turismo, Largo Medaglie d'Oro al Valor Militare 5, 38066 Riva del Garda (TN), Tel. 0464/554444, www.gardatrentino.it

Hinter Rivas lebhafter Bootsanlegestelle liegt die Piazza III Novembre mit der Torre Appolane, dem mächtigen Uhrturm. Von der Aussichtsterrasse des ehemaligen Burgfrieds der Festung Riva hat man die beste Übersicht. Am westlichen Ende der großen Fußgängerzone ragt der breite Palazzo Pretorio ins Bild. Dahinter die Porta Bruciata (verbranntes Tor), die so heißt,

weil sie 1405 von den Mailändern in Brand gesetzt wurde. Das Auge schweift dann über die Einkaufsgasse, die Via Gazzoletti Richtung Osten bis zur mittelalterlichen Rocca, einer Wasserburg. Im Norden schließt hinter der Via Roma der Rundbau der Chiesa dell'-Inviolata das Stadtbild ab.

Sehenswert

Bucht von Riva
| Wasserlandschaft |

 Senkrecht abfallende Felswände markieren das Ende der Bucht

Das westliche Ende der malerischen Bucht zeigt in 150 m Höhe mit dem weißen Bastione die wehrhafte Vergangenheit Rivas. Nach einem steilen, halbstündigen Aufstieg winkt als Lohn der wundervolle Blick über die Bucht und die rote Dachlandschaft der von krummen Gassen durchzogenen Altstadt. Drüben im Osten liegt, von Wasser umgeben, die wuchtige Rocca. Dahinter die Giardini di Porta Orientale, gefolgt von der einzigartigen Badelandschaft, die in den Jachthafen mündet. Abschluss der von Surfern und Seglern durchkreuzten Baia ist der schräg zur Stadt abfallende, 376 m hohe Monte Brione. Das Biotop ist berühmt für seine seltenen Orchideen und endemischen Vogelarten.

Museo Alto Garda
| Museum |

Archäologische Abteilung mit Fundstücken aus Pfahlbausiedlungen und der römischen Zeit, berühmte Statuenmenhire; Pinakothek mit Gemälden, Fresken und Skulpturen des 14.–20. Jh.; dritte Abteilung mit der Geschichte der Skaliger, der Visconti und der Venezianer, außerdem Informationen über das Leben der Bevölkerung des Gardasees in früheren Zeiten.

■ Piazza C. Battisti 3/a, www.museoalto garda.it, Ende März–Anf. Nov. Di–So, Juni–Aug. sowie 31. Dez.–7. Jan. tgl. 10–18 Uhr, 5 €, 2.50 € (15–26 und über 65 J.), Kombikarte Museum und Torre Apponale 6 €, nur Turm € 2/1

ADAC *Spartipp*

Alle Gäste im trentinischen Norden des Gardasees erhalten sowohl in den Büros von »Ingarda« als auch bei den teilnehmenden Betrieben kostenlos die **Garda Promotions Card**. Mit ihr können sie an drei Tagen rund um den See, also nicht nur im Trentino, Ermäßigungen für den Besuch der wichtigsten Sehenswürdigkeiten erhalten.

Centrale Idroelettrica
| Wasserkraftwerk |

Vom Hafen aus fallen oberhalb der Küstenstraße grüne mächtige Rohrleitungen auf, die von ganz oben nach unten in einem architektonischen Koloss verschwinden. Dabei handelt es sich um das Wasserkraftwerk (Centrale Idroelettrica), in dem seit den 1920er-Jahren Ingenieure saubere Energie erzeugen. Erwachsene und Kinder erleben dort spielerisch, wie aus kaltem Wasser, vom Ledrosee abgezapft, heiße Elektrizität umweltfreundlich gezaubert wird. Eine einmalige Kombination von Architektur und Ingenieurskunst.

■ Via Giacomo Cis 13 (Uferpromenade), www.hydrotourdolomiti.it, tgl. 9–17 Uhr, Eintritt frei; Reservierungen für Führungen Tel. 04 61/03 24 86, 15 €, 8 € (7–18 und über 65 J.), Familien (2 Erw. und 2 Kinder unter 18 J.) 25 €

Spiaggia Sabbioni und Spiaggia dei Pini
| Badestrände |

 Freizeitspaß und Sport für die ganze Familie

Die schönste Kombination von Kiesstrand und grünen Liegewiesen sind Rivas zwei ineinander übergehende Badestrände am östlichen Ortsrand. In der Saison ist die Wasserwacht aktiv, Tretboote können gemietet werden, es gibt zwei Surfschulen, Buden für Eis und Snacks, Wippen, Schaukeln und einen Fitnesspark. Die gepflegte, 2 km lange Anlage ist von der Stadt aus über Fußwege erreichbar.

■ Im Osten der Stadt, südlich des Viale Rovereto und des Parco Miralago, im Osten begrenzt vom Jachthafen Porto San Nicolò. Parkplätze am Parco Lido, Largo Medaglie d'Oro und am Jachthafen

Verkehrsmittel

Riva del Garda ist Startpunkt für Linienfahrten der Navigarda rund um den See; Autofähre 2 x tgl. nach Desenzano. ■ Informationen zu Abfahrtszeiten, Abfahrtsorten und Ticketpreisen über www.navilaghi.it

Parken

Zentrale Tiefgarage Terme Romane; Einfahrt in der Via Roma/Viale Pilati, Sommer ganztägig 2 €/Std., 14 €/Tag, im Winter 8–2 Uhr 1 €/Std., 9 €/Tag. Die meisten Hotels bieten Plätze im Parkhaus Monte Oro Sud auf der Bergseite im Westen der Altstadt, 8 €/Nacht.

Restaurants

€€ | **Osteriva** Osteria in zwei gemütlichen Räumen mit Wohnzimmer-Charakter, besonders zur Aperitivzeit und abends gut besucht, Trentiner Küche, große Portionen, Babymenü ab 5,50 €. ■ Via Fiume 15, Tel. 04 64/55 26 53, www.osteriva.it, tgl. geöffnet

ADAC *Mittendrin*

Die seit 1926 bestehende Agrargenossenschaft von Riva del Garda bietet Reisenden – auf Anfrage – **Führungen zur Ölpresse und durch die Weinkellerei** an. Neben dem Blick hinter die Kulissen erfährt man auch Interessantes zum Alltag der 300 Mitgliederbetriebe, die ein Musterbeispiel für genossenschaftliches Unternehmertum im Trentino geschaffen haben. Auch Einkauf vor Ort ist möglich. *Via S. Nazzaro 4, Riva del Garda, Tel. 04 64/55 21 33, www.agririva.it*

Kinder

Reptiland Etwas zögerlich tasten sich die jungen Besucher zunächst von Vitrine zu Terrarium. Bei der Rotknievogelspinne ist es noch etwas gruselig, aber schon beim Riesenskorpion in ausbruchssicherem Terrarium verlieren sie die Angst. Dann hört die Begeisterung nicht mehr auf, werden die giftigen Schlangen mit Interesse fixiert, die Grüne Mamba ebenso wie die Klapperschlange und die Kobra, nur bei dem Tigerpython weichen die Kleinen respektvoll einen Schritt zurück. ■ Piazza Giuseppe Garibaldi 2, www.reptiland.it, tgl. 10–20 Uhr, 9 €, 7 € (8–17 und über 65 J.)

Sport

Sailing du Lac Segel- und Surfkurse, Boots- und Fahrradverleih ■ c/o Du Lac et Du Parc Grand Resort, Viale Rovereto 44, www.sailingdulac.com, Mitte April–Ende Oktober tgl. 8.30–18 Uhr.

21 Limone sul Garda

Startpunkt der Zitronenriviera und Autofähre nach Malcesine

Information

■ Consorzio Turistico Limonese, Via IV Novembre 29, 25010 Limone (BS), Tel. 03 65/95 47 20, www.limonehotels.com

Romantisch ist das terrassenförmige Urlaubsstädtchen erst unten am autofreien Seeufer zwischen der Promenade Lungolago Marconi mit zahlreichen Souvenirgeschäften, Boutiquen sowie Restaurants und dem zauberhaften Porto Vecchio mit der Anlege-

ADAC *Mobil*

> Wer sich im Hochsommer den garantierten Stau im Norden des Gardasees ersparen möchte, kann die **Autofähre** von Limone sul Garda nach Malcesine benutzen und so den Weg abkürzen (12,90 €–16 €, je nach Fahrzeuglänge, Anlegestelle am südlichen Ortsende).

stelle für die Linienschiffe. Enge, verwinkelte Gassen führen bergwärts zur historischen Limonaia del Castèl.

 Sehenswert

La Limonaia del Castèl
| Zitronengewächshaus |
Mehrstöckiges altes Gewächshaus mit kleinem Museumsgebäude im Inneren. Informationen über den Zitro-

nenanbau, der bis ins 13. Jh. zurückgeht, auch in Deutsch.

 Via IV Novembre 25, Tel. 03 65/95 40 08, April, Mai und Mitte Sept., Okt. tgl. 10–18, Juni–Mitte Sept. tgl. 10–22 Uhr, 2 €, erm. 1 € (10–14 J.)

P **Parken**

Parkhäuser am nördlichen Ortseingang auf der Bergseite und auf der Seeseite oberhalb der Autofähren-Anlegestelle. 1. Std. 2 €, jede weitere Std. 1.50 €/Std., nachts 1 €/Std.; Sondertarife für Hotelgäste.

 Restaurants

€€ | **Gemma** Schöne Lage am See, Spezialität: gegrillte Carne salada oder gegrilltes Forellenfilet mit Kräutern. ▪ Piazza Giuseppe Garibaldi 12, www.ristorantegemma.it, tgl. mittags und abends

Limone sul Garda ist der erste Ort der Riviera dei Limoni, der Zitronenriviera

Einkaufen

Cooperativa Agricola Possidenti Oliveti Gute Adresse für Olivenöl vom Gardasee, auch Käse, Salami, Honig, Wein und Grappa. ■ Via Campaldo 10, www.oleificiolimonesulgarda.it, So geschl.

 Sport

Wind Riders Sportcenter für Kitesurfen und Stand-up-Paddeln (SUP), Kurse und Verleih von Gerätschaft. ■ Via IV Novembre 3 und Via Nova 18, www.wind riders.eu

Limone Watersports Kurse im Kitesurfen, Katamaran & Dinghy Segeln und SUP. Großer Shop mit Equipment-Verleih sowie Verkauf von Kleidung und Schuhen für Kiter und Surfer. ■ Via IV Novembre, www.limonewatersports.com

Im Blickpunkt

Zitronenanbau am See

Der heilige Franziskus von Assisi soll im 13. Jh. den Zitronenanbau am Gardasee eingeführt haben. Dafür wurden spezielle Gewächshäuser gebaut, um die empfindlichen Bäume vor dem Winterfrost zu schützen. So konnte man schon im Winter die ersten Zitronen ernten – und bis an den russischen Zarenhof liefern! Doch nur, bis die Eisenbahn die noch früher reifen Früchte aus Sizilien in den Norden Europas zu transportieren begann. Zwei der schönsten noch erhaltenen Zitronengewächshäuser (»limonaie«, sing. »limonaia«) sind in Limone sul Garda und in Gargnano zu besichtigen.

22 Tremosine sul Garda

Dörfer und Wanderwege mitten im Parco Alto Garda Bresciano

 Information

■ Associazione Pro Loco, Piazza Marconi 1, 25010 Tremosine sul Garda/Ortsteil Pieve (BS), Tel. 03 65/95 31 85, www.info tremosine.it

Oberhalb von Limone, mitten im Naturpark Alto Garda beginnt das Gemeindegebiet von Tremosine, ein Sammelbegriff für 18 Ortschaften. Die bäuerliche Gegend ist bei Wanderern und Mountainbikern sehr beliebt. Den ersten Ort Vesio erreicht man ab Limone über die SP115, abenteuerlicher ist aber die Auffahrt über die bizarre Brasa-Schlucht nach Pieve. Dort lohnt es sich, durch den verkehrsfreien historischen Kern mit restaurierten Gebäuden aus dem 18. Jh. zu schlendern.

 Sehenswert

Strada della Forra
| Schluchtstraße |

 Höchste Aufmerksamkeit, aber ein Riesenspaß für die Beifahrer

Die abenteuerliche Strecke führt von der Gardesana durch die Brasa-Schlucht hoch auf die Hochebene von Tremosine zum Ort Pieve. Nur erfahrene Lenker sollten die Klamm wagen, Engstellen, überhängende Felswände, Kurven in dunklen Tunnels und Gegenverkehr verlangen starke Nerven. Ständig den Fuß auf der Bremse, Außenspiegel einklappen und vor unübersichtlichen Kurven hupen ist vorteilhaft. Wohnmobile oder Autos mit

Anhänger haben hier keine Chance. Für Beifahrer ein Naturschauspiel.

◾ Auf der Gardesana Occidentale 6,5 km südlich Limone nach rechts ab auf die Strada della Forra (SP38), Hinweis Tremosine, Schluchtstrecke bis Pieve ca. 6 km

Schauderterrasse
| Aussichtsplattform |

 Frei schwebend über dem Abgrund, für die Augen ein Highlight In 350 m über dem See ragt die Schauderterrasse mehrere Meter über den Rand des Abgrunds. Blick auf die Gardesana mit ihren vielen Windungen und auf das Ostufer bis Malcesine. Eintritt frei, der Ober freut sich aber, wenn man ein Getränk bestellt. Eine zweite Schauderterrasse gibt es in Pieve im Restaurant Miralago.

◾ Hotel Paradiso, Viale Europa 19, 25010 Pieve (BS)

Nichts für schwache Nerven sind die engen Kurven der Strada della Forra

 Parken

Der größte Parkplatz befindet sich hinter dem Rathaus.

Restaurants

€ | **La Brasa** Rustikales Restaurant in ehemaliger Hammerschmiede, hausgemachte Pasta, Forelle vom Grill, gedeckte Terrasse über dem Wildbach. Großer Parkplatz in der Klamm. ◾ Via Benaco 22, in der Brasa-Klamm, Tel. 03 65/91 81 19, www.brasa.it, Mo geschl.

€€ | **Miralago** Brescianische Küche, Spezialitäten mit Steinpilzen (porcini) und Trüffel (tartufo), Fische vom See, Tremosine-Käse. Terrasse mit schwindelerregendem Blick fast 400 m nach unten. ◾ Piazza A. Cozzaglio 2, Ortsteil Pieve, Tel. 03 65/95 30 01, www.miralago.it, Okt.–Feb. Do geschl.

 Einkaufen

Caseificio Sociale Alpe del Garda Beliebter Tremosine-Käse (Formagella) von Kühen der Alpe, Fleisch und Wurst, sauer Eingelegtes. Angeschlossene Trattoria mit hausgemachter Pasta, Polenta mit Käse, Grillfleisch und Apfelstrudel. ◾ Via Provinciale 1, an der SP38 zwischen Vesio und Prabione, Juni–Okt. tgl. 9–19, sonst außer Mi 9–12 und 15–18, So 10–18 Uhr. Trattoria Ostern–Mitte Okt. tgl. 9–22 Uhr

 Wandern

Cult Walking Geführte Wanderungen auf den alten Handelsstrecken und Wanderwegen, z.B. durch das Brasatal mit seinen Eisenschmieden, Mühlen,

Gerbereien und Schmieden. ■ Via Mulino 9, Loc. Brasa, www.cult-walking.it

23 Tignale

Sechs Dörfer auf einer Hochebene mit Traumblick auf den See

 Information

■ Ufficio Unico del Turismo, Via Europa 5, Ortsteil Gardola, 25080 Tignale, Tel. 03 65/733 54, www.tignale.org

Die Hochebene von Tignale mit sechs Ortschaften wird von Tremosine durch das tiefe, kurvige Valle San Michele getrennt. Die Tremosine-Landschaft wird durch zahlreiche gepflegte Wege für Wanderer, Mountainbiker und Reiter erschlossen. Der südlichste Ort Gardola ist gut auf Urlauber eingestellt, von dort geht es in Serpentinen abwärts zum letzten Tunnel der Gardesana Richtung Gargnano. An der Küstenstraße liegt auch der kleine Hafen, nebenan die funktionierende Schau-Limonaia Pra de la Fam.

 Sehenswert

Il Santuario di Montecastello
| Wallfahrtskirche |

Wallfahrer wählen den steilen Pilgertreppenweg, oben angekommen belohnt der Blick aus 779 m Höhe über den See die Mühe. Ziel der Gläubigen ist die, hinter dem Hochaltar der Kirche gelegene, Grottenkapelle mit dem Marienbild. Ein eher weltliches Ereignis schildert rechts an der Langhauswand eine drastische Malerei: die Ermordung des Räubers Zanzanù, der mit seiner Bande zwischen dem 16. und 17. Jh. am Gardasee sein Unwesen getrieben haben soll. Wer gut zu Fuß ist, erreicht hinter der Kirche in 20 Min. das Gipfelkreuz mit überwältigendem

Blick von der Wallfahrtskirche von Montecastello über den Gardasee

Blick (Vorsicht mit Kindern, ungesicherter Weg).

 Zwischen Prabione und Gardola, Auffahrt 2 km nach Prabione, ww.santuario-montecastello.it, Ostern–Okt. tgl. 9–18 Uhr, Eintritt frei, Parkplatz unten an der SP38, zu Fuß 30 Min.

Centro Visitatori Parco Alto Garda Bresciano

| Naturkundemuseum |

Mit Videos und technischen Raffinessen lernt man die Entstehung des Gebirges, von Flora und Fauna sowie das Leben der früheren Käser und Köhler kennen, vor allem die Bedrohung der Umwelt durch den Menschen wird zum spannenden Thema. Wer intensiver in die Natur einsteigen will, erkundige sich nach dem Naturerlebnispfad (Osservatorio Naturalistico Di Prabione) mit dem Garten der Fünf Sinne sowie Informationen über die wichtigsten Baumarten im Naturpark und einheimische Tiere.

 Ortsteil Prabione, gut ausgeschildert, Apri–Okt. tgl. 10–18 Uhr, 5 €, erm. 4 € (6–14 J.), weitere Infos unter www.cm-parcoaltogarda.bs.it

P Parken

Geeigente Parkmöglichkeiten gibt es In Gardola auf der Piazzale Francesco d'Assisi am Centro Visitatori.

Kinder

Parco Avventura Flying Frogs Ein Vergnügen für alle Altersgruppen ab 3 Jahren, zwischen den Baumwipfeln über schwankende Baumstämme mit Seilen und Lianen bis zu schnellen Seilrutschen, alles für den notwendigen Adrenalinspiegel. Picknickplatz

und Sportzentrum in der Nähe. ■ Ortsteil Prabione, Località Quader, www.flyingfrogsignale.com, Ende Mai–Mitte Sept. Mo–Fr, So 10–18, Sa 13–18 Uhr

24 Gargnano

Hafenort mit gemütlicher Atmosphäre und guten Einkaufsmöglichkeiten

 Information

■ Associazione Turistica, Piazzale Boldini 2, 25084 Gargnano, Tel. 03 65/79 12 43, www.gargnanosulgarda.it

Auffallend rund um den Hafenort sind die vielen gemauerten Pfeiler, Grundelemente für die Limonaie, die Zitronengewächshäuser. Gargnano war das Zentrum für den im 13. Jh. von den Franziskanern eingeführten Anbau der Zitrusfrüchte. Seit Generationen in voller Funktion ist die öffentlich zugängliche Limonaia La Malora. Das gemütlich gebliebene Städtchen eignet sich für einen erholsamen Bummel: Am Ortseingang lockt die Kirche San Francesco mit Kreuzgang, am kleinen Hafen der schmucke Palazzo Vecchio del Comune. In den Fassaden rundum erinnern Kanonenkugeln an den Angriff durch österreichische Schiffe im Jahre 1886. Am Ende der Altstadt steht die Villa Feltrinelli, auch »Villa des Duce« genannt, weil hier Mussolini während der von Hitler gestützten Italienischen Sozialrepublik (1943–1945) wohnte. Heute birgt sie ein Nobelhotel. Vom Zentrum Richtung Süden folgen die malerischen Ortsteile Villa mit dem Palazzo Bettoni (Anfang 18. Jh.) und Bogliaco, Austragungsort der berühmten Segelregatta Centomiglia.

Sehenswert

San Francesco
| Kreuzgang |

Der kleine quadratische Hof mit seinen spätgotischen Arkaden wurde im 14. Jh. erbaut, die Kapitele der Säulen schmücken Fische und Zitrusfrüchte, die früheren Handelsgüter der Gemeinde. Ein marmornes Wappen Gargnanos zeigt eine auf den Hinterbeinen stehende Wölfin, die zwischen ihren Läufen eine Lilie mit Krone hält.

■ Südlicher Ortseingang, tagsüber meistens durchgehend geöffnet

Limonaia La Malora
| Zitronengewächshaus |

Voll funktionierende, von Familie Gandossi gepflegte, mehrstöckige historische Limonaia; Verkauf von eigenem Limoncello und Zitronen.

■ Via della Libertà 2, ggü. Tiefgarage, www.limonaialamalora.it, tgl. 10–12, 16–18 Uhr, Führung 11 Uhr, 3 € (ab 10 J.)

 Parken

Parkhaus am südlichen Ortseingang, Zufahrt vor der Gardesana beim Bus-Terminal; großer Parkplatz oberhalb Fontanella-Badestrand, Zufahrt am nördlichen Ortsende beim Hotel Meandro. Gebühr 2 €/Std.

 Restaurants

€ | **Trattoria Giglio** Von der Familie Giglio geführtes Restaurant mit Sonnenterrasse, Küche mit Rezepten aus der Toskana, Apulien und Gardasee. ■ Via Angelo Feltrinelli 163, Ortsteil Navazzo (8 km von Gargnano), www.trattoria campeggiobargiglio.it, März–Okt. außer Di 12–21 Uhr

 Cafés

Die zahlreichen Bars, Cafès und Eisdielen bieten traditionsgemäß Häppchen zum Aperitivo, auch kleine Gerichte, z.B. **Caffè Nuovo**, am Seesteg, März–Okt., Mo geschl.; **Olimpia**, an der Uferpromenade, ganzjährig, Di geschl.; **L'Officina**, Piazza Vittorio Veneto 6, unterhalb der Post, ganzjährig, Do geschl.

 Einkaufen

Macelleria Bignotti Metzgerei mit angeschlossener Käserei, alle Käsesorten selbst hergestellt von Milch der eigenen Kühe auf der Alm. ■ Via Roma 13, www.bignottigargnano.com, ganzjährig, Okt.–März So, Mo geschl.

 Kinder

Spiaggia Parco Pubblico Fontanella Ständig geöffneter, freier Kiesstrand im nördlichen Ortsteil Fontanella, mit terrassierter Liegewiese, Picknickplatz, Kinderspielplatz, Tischtennis, Volleyball, Surfverleih und Surfkurse für Kinder, Bar/Restaurant. Drüber kostenpflichtiger Parkplatz.

 Events

2. Wochenende im Sept. Segelregatta **Centomiglia** in Bogliaco; um Ostern 2–3 Tage **Giardino dell´Agrumi**, Agrumenmarkt mit Besuch der privaten Limonaie.

 Sport

OK-Surf Windsurfkurse und Verleih, Surf-Paddel. ■ Via Rimembranza s/n, Parco Fontanella, www.oksurf.it., Kurse auch in Limone, Hotel Panorama

25 Toscolano-Maderno

Doppelort am historischen Papiermühlental, ideal für kleine Wanderungen

Information

■ Via Sacerdoti 1, 25088 Toscolano Maderno, Tel. 0365/54 60 83, www.comune.toscolanomaderno.bs.it

Beide Ortsteile werden vom romantischen Toscolano-Bach getrennt, an dem einst 40 Papiermühlen standen. Ein Papiermuseum erinnert an den mittlerweile auf eine Papierfabrik geschrumpften Wirtschaftszweig im Ortsteil Toscolano. Im Ortsteil Maderno liegen die Anlegestelle für den Linienverkehr und die Station für die Autofähre nach Torri del Benaco dicht nebeneinander. Gleich daneben beginnen Kiesstrände, angefangen mit dem breiten, von Pinien beschatteten Lido Azzurro bis zum Lido degli Olivi in Toscolano. Hinter dem Doppelort ragt der Monte Pizzocolo (1582 m) malerisch in den Himmel, beliebtes Ziel von Wanderern und Mountainbikern.

 Sehenswert

Villa Romana Nonii Arrii
| Ausgrabungen |
Das Wohngebäude aus der Römerzeit (1. Jh. n. Chr.) gibt mit gut erhaltenen Mosaikböden, Überresten der Thermalbäder, einem 50 m langen Brunnenbecken und restaurierten Freskomalereien einen Eindruck von Prunk und Komfort römischer Adeliger.
■ Piazza SS. Maria del Benaco, Ortsteil Toscolano, Mai–Sept. Sa, So 10–12 und 15–18 Uhr, Eintritt frei

Maderno ist der hübschere Teil des Doppelortes

S.S. Pietro e Paolo
| Kirche |
22 Gemälde des Venezianers Andrea Celesti (1637–1712) schmücken das Gotteshaus, besonders beachtenswert sind die kraftvollen, überdimensionalen Werke hinter dem Chor, aber auch an der Innenwand der Fassade sein »Kindermord zu Bethlehem«. Celesti wurde aus Venedig verbannt, weil er den Papst mit Eselsohren gemalt hatte.
■ Piazza dei Caduti s/n, Ortsteil Toscolano, unregelmäßige Öffnungszeiten, Eintritt frei

Museo della Carta
| Papiermuseum |
Anschaulich illustriert wird nicht nur die bis 1381 zurückreichende Geschichte der Papierherstellung im Tal, son-

ADAC *Wussten Sie schon?*

Schon die Römer produzierten in dieser wasserreichen Gegend Papier, und seit dem Mittelalter ist das Tal des Toscolano-Baches als Tal der Papierfabriken überliefert. Sogar Albrecht Dürer soll sich hier persönlich das passende handgeschöpfte Papier für seine Drucke ausgesucht haben. Mit Gutenbergs Erfindung des Druckes 1470 stieg noch die Bedeutung des Papiers von Toscolano, weil es dafür besonders gut geeignet war. Heute ist das Papiermühlental eine Art Naturlehrpfad und Freilichtmuseum mit einer historischen Papiermühle, in der man die Produktion nachvollziehen kann.

dern anhand alter Produktionsmethoden vom Lumpen bis zum Büttenpapier auch vorgeführt (s. auch Wanderung Valle delle Cartiere).
■ Via Valle delle Cartiere s/n, vor der Brücke am Übergang Toscolano/Maderno rechts, Hinweis folgen, www.valledelle cartiere.it, April–Sept. 10–18, Okt. Sa, So 10–17 Uhr, 7 €, erm. 5 € (6–18 und über 65 J.)

Sant'Andrea Apostolo
| Kirche |
Die auffallend schöne romanische Kirche (12. Jh.) besticht insbesondere mit ihrem Portal für neugierige Entdecker: Früchte und Ornamente, Adler und Löwen, rätselhafte Fabelwesen, ein Lamm und eine doppelschwänzige Sirene, im Giebelfeld menschliche Köpfe.
■ Piazza San Marco 10, Ortsteil Maderno, tgl. 8–11.30, 15.30–19 Uhr, Eintritt frei

 Verkehrsmittel

Im Ortsteil Maderno hinter dem Haltepunkt der Linienschiffe Station der **Autofähre** nach Torri del Benaco am Ostufer, ganzjährig.

 Parken

Parkplätze auf der Seeseite hinter dem Kreisel im Ortsteil Toscolano entlang dem Viale Guglielmo Marconi; im Ortsteil Maderno entlang dem Lungolago Giuseppe Zanardelli und am südlichen Ortsrand (am See).

 Restaurants

€€ | **Belvedere** Von der Familie Perini geführt, brescianische Küche, hausgemachte Pasta, Wochenende mit Spiedo und Polenta. ■ Via Maclino 6, Monte Maderno, www.belvederevillahotel.it, im Sommer tgl., im Winter Do geschl.

€€ | **Restaurant La Foce** Schöne Lage direkt am See, Spezialität Spaghetti mit Meeresfrüchten (allo Scoglio) und Risotti, Fische vom See. ■ Via Religione 44, neben dem Campingplatz La Foce, Tel. 03 65/64 42 01, 7. Jan.–Feb. geschl.

 Einkaufen

Wochenmarkt Jeden Do 7–13 Uhr, Wurst, Käse und Gemüse aus der Region, viele Textilien, bei Urlaubern beliebte Bummelzeile. ■ Kreisel am nördlichen Beginn von Toscolano, hinter Einkaufszentrum Montagnette
Pescheria Lagomar Fish Meeresfische und Fische vom Gardasee, Meeresfrüchte aller Art, große Auswahl, immer frisch. ■ Via Giordani 11, Ortsteil Maderno, hinter dem Upim-Kaufhaus, Tel.03 65/64 36 71; auch fertige Gerichte

In der Umgebung

Valle delle Cartiere
| Wanderung |

(16) *Historische Zeugnisse einer einst den Ort prägenden Industrie*

Am südlichen Ende von Toscolano kurz vor der Brücke immer dem Hinweis Valle delle Cartiere folgen. Steile Felswände, an die sich das fleischfressende Alpen-Fettkraut klammert, engen das Tal ein. Ruinen der ehemaligen Papiermühlen wechseln sich mit Infotafeln ab, auch auf Deutsch. Zehn Minuten Gehzeit später lädt das Museo della Carta zum Besuch ein. Weiter oben im Tal spannt sich eine alte Steinbrücke über den seit dem Bau des Staudamms gezähmten Wasserlauf. Dahinter wieder Ruinen und die Möglichkeit, direkt im Bach Forellen zu beobachten und die heißen Füße zu kühlen. Insgesamt eine auch für Kinder geeignete, erlebnisreiche Wanderung.

■ Via Valle delle Cartiere, www.valledelle cartiere.it

26 Gardone Riviera

Wo vor mehr als 130 Jahren der Gardasee-Tourismus begann

 Information

■ Tourist Info Point, Corso Repubblica 8, 25083 Gardone Riviera, Tel. 03 65/203 47, www.visitgarda.com

Die herrliche Landschaft und das milde Klima veranlassten das österreichische Ehepaar Wimmer, in Gardone im Jahr 1885 das Grand Hotel und damit den Tourismus am See zu eröffnen. Den Künstlern, Fabrikanten und Adeligen folgte ein breiteres Publikum. Wer den Charme und Glanz der Vergangenheit vermisst, begibt sich gerne hoch in den von Parks und Gärten umsäumten, ursprünglichen Ortskern Gardone Sopra. Dort finden sich neben Cafés und Restaurants ein paar wichtige Sehenswürdigkeiten. Eine gemütliche Rast, verbunden mit foto-

Das Grand Hotel war das erste an der Uferpromenade von Gardone Riviera

genem Blick über den See, bietet der mit hohen Bäumen bestandene Stadtpark vor dem Rathaus. Hobbyfotografen besuchen auch gerne die abseits stehende Pfarrkirche, um auf der Rückseite des Chors beide Seiten des Gardasees in ein perfektes Motiv zu bannen.

 Sehenswert

Giardino Botanico »Hruska«
| Botanischer Garten |
Dieser Paradiesgarten mit Pflanzen aus der ganzen Welt, mit kleinen Brücken und Bächen begeistert Jung und Alt. Zeitgenössische Skulpturen verbinden Natur und Kunst. Der Garten wurde von 1912 bis 1914 vom Zahnarzt A. Hruska angelegt, seit 1989 gehört er zur André-Heller-Stiftung, welche die grüne Idylle auf etwa 3000 Pflanzenarten vergrößerte.

■ Fondazione Andrè Heller, Via Roma 2, www.hellergarden.com, März–Okt. tgl. 9–19 Uhr, 11 €, erm. 5 € (6–11 J.)

Fondazione Il Vittoriale degli Italiani
| Gedenkstätte |
In einem 9 ha großen Park hat sich der umstrittene Dichter und Politiker Gabriele d'Annunzio (1863–1938) selbst ein monströses Denkmal gesetzt. Zu sehen sind seine Villa mit die Grenze von Kunst und Kitsch verwischender Einrichtung; Erinnerungsstücke seiner Geliebten Eleonora Duse, die er im Roman »Feuer« schmählich verriet; Museo Segreto mit seinen Schuhen und Kleidungsstücken; Museo d'Annunzio Eroe als Ort der Verherrlichung des zweifelhaften Kriegshelden; Bug des Kriegsschiffs »Puglia«, mit dem er 1919 mit 2500 Freischärlern den Hafen

Fiume (heute kroat. Rijeka) unter Missachtung des Friedensabkommens besetzte; Amphitheater und monströses faschistisches Mausoleum.

■ Via del Vittoriale 12, www.vittoriale.it, Ende März–Mitte Okt. 9–20, Mitte Okt.–Ende März 9–17 Uhr, Park und Museum 10 €, erm. 8 € (7–18 und über 65 J.), mit Führung 16 €, erm. 13 € (7–18 und über 65 J.)

Spiaggia Casinò
| Strand |
Kleiner Strand, Terrasse mit aufgeschüttetem Kies, am Gardasee der einzige mit der Blauen Europa Flagge, Garantie für Sauberkeit und sanitäre Anlagen. Parkplatz am Corso Zanardelli, Bar unterhalb des Restaurants, Vermietung von Liegen, keine Strandwache.

■ 500 m nördlich des Zentrums neben dem Hotel Casinò, Corso Zanardelli 85, freier Eintritt

 Parken

Vor dem Grand Hotel und in der Via Roma und an der Auffahrt nach Gardone Sopra.

 Restaurants

€€€ | **Agli Angeli** Kreative Gardesana-Küche mit einem Hauch asiatischer Inspiration, Spezialitäten: Risotto mit Artischocken, Ente in Zitronensoße, Seefisch. ■ Via Dosso 7, www.agliangeli. biz, März–Anf. Nov., außer Sa, So nur abends, außer Juli, Aug. Di geschl.

 Cafés

Riviera Wunderbare Lage an der Promenade mit Blick zum See, passend für

einen Aperitivo, auch Eis und kleine Gerichte. ■ Via Lungolago D'Annunzio 71, Tel. 03 65/437 71, auch im Winter geöffnet

27 Salò

Elegantes Shoppingstädtchen mit gastfreundlicher Uferpromenade

Information

■ Tourist Info Point, Piazza Sant'Antonio 4, 25087 Salò, Tel. 03 65/214 23, www.visitgarda.com

Zweifellos ist das sich an die Bucht Conca d'Oro (Goldmuschel) schmiegende Salò (10 700 Einw.) der eleganteste Ort am See. An der Piazza della Vittoria gefallen die stimmungsvollen Kolonnaden des Palazzo del Podestà (14. Jh.), des alten Rathauses und des direkt angebauten venezianischen Palazzo della Magnifica Patria (1524). Hier beginnt die von Cafés und Geschäften eingerahmte Uferpromenade, der Lungolago Zanardelli. Beachtenswert ist, dass das edle Fassaden-Ensemble bis 1901 direkt am Wasser stand. Ein Erdbeben richtete damals große Schäden an, doch beim Wiederaufbau trotzten die Architekten dem See den auf Stelzen gebauten, breiten Strandboulevard ab. Parallel zum Ufer verläuft zwischen der Porta del Carmine im Norden und der malerischen Porta dell'Orologio im Süden die schöne Einkaufsgasse (Via Butturini, Via San Carlo etc.). Der Shoppingbummel führt vorbei an einer Vielzahl von schicken Modegeschäften, Schmuckboutiquen, kleinen Lebensmittel- und Souvenirläden sowie einladenden Cafés und Bars.

Sehenswert

Santa Maria Annunziata
| Dom |

Der spätgotische Dom (ab 1453) ist die größte und bedeutendste Kirche am Gardasee. Im mächtigen dreischiffigen Innenraum fällt zuerst der mit viel Gold und Stuck besetzte Altar ins Auge. Etwas mehr Mühe macht es, unter den zahlreichen Ölgemälden das Werk des »Hl. Antonius von Padua« des Künstlers Romanino zu finden. An der Seitenwand zwischen der linken zweiten und dritten Kapelle zeigt es, meistens schlecht beleuchtet, den kritischen Blick auf seinen reichen

Der Dom überragt mit seinem hübschen Glockenturm die Altstadt von Salò

Gefällt Ihnen das?

Wer sich an den zahlreichen Ölgemälden im Dom von Salò nicht sattsehen kann, dem dürfte sicher auch Trentos großartige **Kathedrale San Vigilio** (S. 63) oder die prächtige Kirche **Santa Maria Maddalena** in Desenzano (S. 97) einen Besuch wert sein.

Auftraggeber: feist und dick kniet der Stifter vor dem Heiligen, die Engel wenden sich angewidert von ihm ab. ■ Piazza Duomo, tgl. 8.30–12, 15.30–18.30 Uhr, Eintritt frei

MuSa – Museo Di Salò

| Museum |

Die angenehm geordnete Ausstellung widmet sich der Geschichte der Stadt von Venedig bis zu Mussolinis, von den Nazis geduldetem Marionettenstaat, der Republik von Salò (1943–1945). Gemälde, Kunstwerke mit Schwerpunkt 19. und 20. Jh. und alte Maschinen dokumentieren die Entwicklung vergangener Jahrhunderte. Auch die Schätze des früheren Archäologischen Museums, vorwiegend Fundstücke aus römischen Gräbern, wurden im MuSa untergebracht. Regelmäßige Sonderausstellungen runden das interessante Museumsangebot ab.
■ Via Brunati 9, Tel. 03 65/205 53, http://museodisalo.it, Di–So März–Nov. 10–18 Uhr, 14 €, erm. 11 € bzw. 7 € (7–18 J.)

 P Parken

Parkhaus Nähe Busbahnhof/Bergseite, Via Brunati: Parcheggio Multipiano Largo Dante Alighieri ■ 8–20 Uhr, 1,50 €/Std., 22–8 Uhr 0,80 €.

 Restaurants

€€€ | **La Campagnola** Gemütliche Räume, im Sommer geschützte Terrasse, gepflegte traditionelle Küche, Gemüse und Kräuter aus eigenem Garten, hausgemachte Pasta, Wild- und Pilzgerichte. ■ Via Brunati 11, Tel. 03 65/221 53 (komplizierte Öffnungszeiten, vorher anrufen)

 Cafés

An der **Strandpromenade** stehen jede Menge Bars, Cafés und Konditoreien hintereinander. Außer gepflegten Aperitivi (Spritz), gutem Kaffee und Wein gibt es überall Eisbecher, Focaccia oder Panini, manche bieten auch Brunch, Mittag- und Abendessen, geöffnet sind sie mindestens von April bis Oktober zwischen 9 und 24 Uhr. Besonders empfehlenswert:
Vassalli Ableger der gleichnamigen Feinconfisserie in der engen Hauptgasse mit verlockenden Kuchenkreationen. ■ Lungolago Zanardelli 13, Tel. 03 65/221 28
Italia Immer mehr ein In-Treff für besondere Aperitivi. ■ Lungolago Zarnadelli 24, Tel. 03 65/214 79
Barcadero Heißt auf Italienisch Anlegestelle und lockt direkt am Hafen Durstige von früh bis spät ins nette Lokal. ■ Piazza della Vittoria 12 (nahe der Bootsanlegestelle), Tel. 03 65/ 227 27

 Einkaufen

Melchioretti Riccardo In der alten Drogerie von 1870 gibt es heute Delikatessen, Wein, Olivenöl, Pasta, Salami, Käse und vieles mehr. ■ Piazza Zanelli 11, Mo–Sa 9–12.30, 15.30–19.30 Uhr, im Winter Mo geschl.

Kinder

Parco Avventura Hochseilgarten, auch für Kinder ab 4 J. ■ Via Trento 37, www.rimbalzelloadventure.com, April–Okt.

Konzerte

Giovedi di Musica Juni–Aug. jeden Do 18–23 Uhr Live-Musik an der Uferpromenade.

Sport

Spiaggia Rimbalzello Kleine Terrasse mit aufgeschüttetem Sand, Vermietung von Liegen, Pedalo und Kanu, Hallenbad, Plätze für Tennis, Fußball und Beachvolleyball, Restaurant/Pizzeria, Abenteuer-Park für Kinder Schönheitszentrum. ■ Via Trento 37, www.rimbalzello.com

28 San Felice del Benaco

Von viel Grün umgebener Ort in den Hügeln mit Blick auf die Garda-Insel

Information

■ Ufficio Turistico, Piazza Municipio 1, 25010 San Felice del Benaco (BS), Tel. 03 65/625 41, www.visitgarda.com (nur ca. Juni–Sept.)

Der romantische Bauernort mit seinen engen, verwinkelten Gassen liegt 2 km oberhalb vom Gardasee inmitten der fruchtbaren Moränenhügel, hier beginnt die von Weinbergen geprägte Valténesi. Die Gemeinde ist Vorbild für biologischen Anbau, ganz besonders die Cooperativa Agricola (S. 94).

Umweltfreunde schätzen dort den Umgang mit Resten bei der Pressung von Olivenöl: Vegetationswasser wird als Dünger der Olivenhaine verwendet, Trester durch Biodigestionsanlagen zur Gewinnung von elektrischer Energie umgewandelt, die Kerne sind Brennstoff für die Heizung, alternativ zu traditionellen Pellets. Vom Hauptort erreicht man schnell die schönen Badebuchten um Porto San Felice, Porto Portese und die Landzunge San Fermo mit teils langen Kiesstränden, ihr gegenüber die Isola del Garda (S. 94).

Sehenswert

Santuario del Carmine
| Wallfahrtskirche |

Wallfahrt zur Patrona della Valténesi, Klosterkirche der Karmeliter (1452–1482) mit sehenswerten Fresken der Übergangszeit von der Spätgotik zur Renaissance, links vom Chor Sankt Albert, Patron der Karmeliter, der den Teufel zertritt.

■ Via Del Carmine 11, www.santuario delcarmine-sanfelice.it, tgl. 7–12, 15–18 Uhr, Parkplatz, Bar und WC

Parken

Freier Parkplatz am Ortseingang vor der Via Marconi.

Restaurants

€ | San Filis Traditionelles Hotelrestaurant in einer Villa (16. Jh.), gemütlicher Innenhof, traditionelle Küche, hausgemachte Pasta, Fleischgerichte mit Polenta, frischer Fisch vom See, freundlicher Service; Tagesmenü 20 €. ■ Via Marconi 5, Tel. 03 65/625 22, www.sanfilis.it, Ostern–Okt.

Dolcefarniente am Kiesstrand von San Felice del Benaco

€€€ | Sogno Edel-elegantes Restaurant für einen besonderen Abend im gleichnamigen Hotel. Moderne Küche, gute Weinkarte und herrliche Terrasse direkt am See. ▪ Via Porto San Felice 41, Tel. 03 65/621 02, www.sognogarda.it, tgl. 12.30–14.30, 19–22 Uhr, reservieren

 Cafés

Cafè del Porto Stimmungsvolle Kneipe mit Tischen am See, gutes Bier, Snacks, im Sommer servieren Sabine und Carlo bis 3 Uhr nachts. ▪ Via Porto San Felice 43, Tel. 03 65/55 99 79, tgl. 8–24 Uhr, Hauptsaison bis 3 Uhr früh, Nov. bis Mitte Jan.–Mitte Feb. geschl.

 Einkaufen

Cooperativa Agricola San Felice Bestes Olivenöl, gewonnen nur aus Oliven vom Anbaugebiet Valténesi und dem unteren Gardasee, auch Weine, Käse- und Wurstspezialitäten. ▪ Via delle Gere 2, www.oliofelice.com, Mo–Sa 9–12 und 15–18 Uhr

 Erlebnisse

Nautica ecologica Leises, elektrisch betriebenes Boot für bis zu 8 Personen, 35 € pro Stunde, reicht für eine Umrundung der vorgelagerten Inseln. ▪ Infos und Buchung www.sanfilis.it

 In der Umgebung

Isola del Garda
| Palastinsel |

 Besichtigung eines Kleinods mit Führung und Olivenölverkostung Die 1 km lange, max. 60 m breite, aus drei Teilen bestehende Insel ist in Privatbesitz, die imposante Villa im neugotischen venezianischen Stil wird

noch von der Familie Borghese Cavazza bewohnt. Während der Führung durch die Gartenanlagen, wegen des Mikroklimas besonders vielfältig, die Blüten großblütig, erfährt man die Geschichte des Eilands. Schon die Römer hatten sich hier niedergelassen, 1221 gründete Franz von Assisi eine Einsiedelei, später Sankt Bernhard von Siena ein Kloster. Nach der Zerstörung (1795) wurde 1903 auf den Ruinen die neugotische Villa gebaut. Einige Räume werden am Ende der Tour besichtigt, zum Abschluss gibt es Erfrischungen und eine Olivenölprobe.

■ Azienda Agricola Borghese Cavazza, Buchung Führungen Mobiltel. 32 86 12 69 43 (8.30–10 und 15–18.30 Uhr), www.isoladelgarda.com, Anfahrt von allen Häfen des südlichen Gardasees (Zeiten s. Homepage), Ende März–Ende Okt. Di–Fr und So, je nach Hafen 31–38 €, erm. (5–12 J.) 18–22 €, Familien (2 Erw., 2 Kinder) 90–112 €, Dauer der Führung etwa 2 Std.

29 Manerba, Moniga und Padenghe

Stolze Burgen bewachen die Städtchen am Rande der fruchtbaren Valténesi

 ## Information

■ Tourist Coop Valténesi, Via Trevisago 33/n, 25080 Manerba del Garda, Tel. 03 65/55 81 60, www.gardavaltenesi.com

Das an landwirtschaftlichen Produkten reiche Gebiet der Valténesi musste im Mittelalter gegen gierige Feinde verteidigt werden. Wehrhafte Burgen und Ruinen überblicken bis heute die Hügel oberhalb des südlichen Gardaseeufers. Den Beginn des Festungsreigens macht Manerba mit eindrucksvollen Burgresten auf dem steilen Felsen der Rocca di Manerba. In Moniga und Padenghe blieben die eindrucksvollen Castelli unversehrt, beide verfügen über je drei bewohnte Gassen, teils mit Krautgärten und blumengeschmückten Balkonen. Urlauber können sich frei bewegen, sollten aber Rücksicht auf die Burgmenschen nehmen.

 ## Sehenswert

Parco Archeologico Naturalistico
| Archäologiepark |

 Weithin sichtbar ist auf hohem Fels die Ruine der Rocca

Der Naturpark und der Zugang zur Rocca sind jederzeit frei zugänglich. Ausgegraben wurden die Grundmauern der Burg, vom Gipfelkreuz fantastischer Blick über See und Landschaft. Vor dem Aufstieg informiert das kleine Museo Civico Archeologico della Valténesi über Baum- und Tierarten des Parks, Rekonstruktion der Burg, Beschreibung der Wege des Parks.

■ Via Rocca 20, 25080 Manerba del Garda (BS), www.riservaroccamanerba.com, Juni–Sept. tgl. 10–12, 14–18, Okt.–März Do–So 10–16, So bis18 Uhr, Eintritt frei. Führung auch auf Deutsch: Elisa Bassini, Mobiltel. 33 18 61 96 15

 ## Parken

In Manerba unterhalb der Rocca neben dem Museum, frei. In Moniga schwierige Parkplatzsuche, am ehesten beim Parcheggio Comunale Via del Porto. In Padenghe vor der Burgmauer frei. Die Ordnungshüter kennen hier keine Gnade, wenn man ohne Genehmigung seinen Wagen abstellt.

Restaurants

€ | Manerba Brewery Gemütliche Privatbrauerei mit fantasievollen Biersorten, Haxen und Hähnchen vom Grill, alle Secondi 9–13 €. ■ Via Trevisago 19, Tel. 03 65/55 08 47, ab 16 Uhr, Mo geschl.
€€ | Al Porto Direkt am See, mediterrane Küche, guter Kuchen und Eis. ■ Via del Porto 29, Moniga, Tel. 03 65/50 20 69, im Sommer 8–24 Uhr, Mi geschl.

 Einkaufen

Cantine la Pergola Wein und Olivenöl der Umgebung, probieren möglich; auch Balsamico, Grappa und Eingelegtes. Alles Produkte aus der Eigenherstellung der Cooperative-Mitglieder, die immer mal auch zu einem Themenabend einladen oder gar zur Hilfe bei der Weinlese, mit anschließendem Abendessen. ■ Via Pergola 21, Moniga del Garda, www.cantinelapergola.it

 Sport

Nautica Benaco Bootsvermietung mit und ohne Bootsführerschein. ■ Via Belvedere 4, Manerba, www.nautica benaco.it
Dive Life Diving Club Tauchschule und Bootsverleih von April-Okt. ■ Via del Lido s/n, Padenghe, www.divelife.it

30 Desenzano del Garda

Schon die Römer waren begeistert und hinterließen eine Prunkvilla

 Information

■ Ufficio Informazioni, Via Porto Vecchio 34, 25015 Desenzano del Garda, Tel. 030/374 87 26, www.visitgarda.com

Desenzano ist mit 29 000 Einw. die größte Stadt am Gardasee. Hier siedel-

Die Rocca di Manerba im Herzen des archäologischen Parks (S. 95)

ten schon in der Bronzezeit Fischer und Bauern, errichteten Pfahlbauten und bearbeiteten den Boden, wie ein 4000 Jahre alter Pflug im Museo Civico Archeologico beweist. Später ließen sich die Römer hier nieder und beweisen bis heute mit der Villa Romana beachtenswerte Zeugnisse ihrer landwirtschaftlichen Interessen. Ist dann auch noch Tiepolos »Abendmahl« im Dom Santa Maddalena abgehakt, kann der vergnügliche, mit Shopping verbundene Spaziergang durch Desenzanos Gassen beginnen. Stimmungsvoll gibt sich der kleine Porto Vecchio (im Dezember mit romantischer Bethlehem-Szene im Wasser) zwischen Dom und Piazza Malvezzi, dem Beginn der Fußgängerzone. Klaren und lohnenden Überblick über die Stadt, den Fährhafen und den See mit der Landzunge von Sirmione verschafft man sich beim Weg über die Via Castello zur Ruine der Festung.

 Sehenswert

Santa Maria Maddalena
| Dom |

Die vornehme Ausstattung und zahlreiche Gemälde zeigen, dass sich Desenzanos reiche Bürger eine repräsentative Kirche leisten konnten (1524–1603). Und sogar eines der bedeutendsten Kunstwerke, Giambattista Tiepolos »Letztes Abendmahl« (1696–1770) in der Sakramentskapelle. Verblüfft entdeckt man seine Besonderheit: Der Tisch steht nicht breit vor dem Betrachter, sondern er zieht sich von seiner Schmalseite in die Tiefe. Auch setzte Tiepolo seinen Christus nicht wie üblich in die Mitte, sondern in lockerer Haltung vorn an den linken Rand des Bildes.

ADAC *Wussten Sie schon?*

2013 wurde – schon wieder, muss man sagen – vor der Isola del Garda angeblich ein Monster gesichtet, eine Art **Gardasee-Nessie** also. Angelo Modina aus Toscolano bietet als professioneller Unterwasserforscher alles auf, was er an Instrumenten, Kameras etc. hat, um dem Ungeheuer nachzuspüren. Er hat bereits Aufnahmen von einem schlangenähnlichen, knapp 8 m langen Schatten gemacht und eine Unterwasserhöhle nach Spuren abgesucht. Vergeblich, aber das hält weder ihn noch andere Ungeheuer-Fans davon ab, weiterzusuchen, zu behaupten, das Benaco-Nessie sei existent.

■ Via Roma 5, tgl. 7.30–11.30 und 16–18.30 Uhr

Villa Romana
| Archäologische Stätte |

 Überraschend sind die Putten beim Ernten und Fischen

Die Ruine einer römischen Villa (2./3. Jh. n. Chr.) mit feudalen Wohnräumen und Thermenanlage überrascht vor allem durch ihre figurenreichen römischen Mosaikböden: Die nackten, geflügelten Begleiter Amors beschäftigen sich nicht mit Pfeil und Köcher, sondern helfen den Bauern, lesen Trauben in den Weinbergen, pflücken Oliven oder fangen im See vom Boot aus Forellen und Sardinen. Im integrierten, kleinen Museum wird ein informativer Film gezeigt, wichtig ist ebenfalls der im Preis inbegriffene archäologische Wegweiser, auch auf Deutsch.

■ Via Crocefisso 22, Tel. 030/914 35 47, März–Okt Di–So. 8.30–19, Nov.–Feb. 8.30–16.30 Uhr, 4 €, bis 18 J. frei

Museo Civico Archeologico
| Museum |

Das archäologische Museum direkt an der Uferstraße informiert anschaulich über die steinzeitlichen Siedlungsspuren am Gardasee, über Kunsthandwerk, Pfahlbauten und Landwirtschaft während der Bronzezeit. Höhepunkt ist ein vor 4000 Jahren auf dem Acker gezogener, fast vollständig erhaltener Pflug.

■ Via Anelli, Chiostro di Santa Maria de Senioribus, Tel. 030/914 45 29, Di, Mi 9–13, Do, Fr 15–19, Sa, So 14.30–19 Uhr, 4 €, erm. 2 € (6–18 und über 65 J.), Audio Guide 3 €

 Parken

Am leichtesten zu finden von Sirmione kommend in der Via Anelli, kurz vor dem Hafen, Parcheggio Maratona, 1,50 €/Std.

 Verkehrsmittel

Bahn Einer der zwei Bahnhöfe am Südufer mit Busverbindungen nach Sirmione, Moniga, Manerba, Salò etc. ■ www.trenitalia.com

 Restaurants

€€ | **Al Portico** Stilvolles Fischrestaurant direkt am See, Pizza vom Steinofen, kleine Auswahl an Fleischgerichten. Franco und Romeo verstehen sich vor allem auf die Zubereitung von Meeresfischen und -früchten (auch roh) und kredenzen dazu die perfekten Weine. ■ Via Anelli 44, Tel. 030/

991 21 53, www.ristopescealportico.it, Mi geschl.

 Cafés

Pasticceria Bosio Das älteste Café der Stadt (1892) strahlt auch heute noch einen Hauch vergangener Gemütlichkeit aus. Umso mehr, wenn am Mittwochnachmittag ein Club älterer Damen sich hier zum Schwatzen und Häkeln trifft. Andere Gäste schätzen die große Auswahl selbst gebackener Kuchen und Törtchen. ■ Piazza Malvezzi 5, in der Hochsaison tgl. 8–24 Uhr, im Winter bis 20 Uhr und Do geschl.

 Kneipen, Bars und Clubs

Circus Café Lebhafter In-Club mit viel Musik, farbenfroher Ausstattung, Kronleuchter, Spiegel und gemütlichen Sitzecken, im Sommer Terrassenrestaurant, besonders beliebt sind die Aperitivi mit Häppchen, So 18–21 Uhr großes Aperitifbuffet. ■ Piazza Giacomo Matteotti 23, www.circuscafe.it, tgl. 19–3 Uhr

31 Sirmione

Das beliebteste Urlaubsziel am Gardasee platzt aus allen Nähten

 Information

■ Azienda di Informazione, Viale Marconi 8, 25019 Sirmione, Tel. 030/91 61 14, www.provincia.brescia.it, tgl. Ostern–Okt. 9–21, Winter 9–12.30, 15–18 Uhr

Um die auf einer Halbinsel eingepferchte Altstadt und ihre Umgebung mit einem Blick zu erfassen, sollte zuerst der Wehrturm des den Stadtein-

Sirmione besitzt die wohl bekannteste Skaligerfestung am Gardasee

gang bildenden Kastells erobert werden. Wie eine versteinerte Seelilie
bietet sich das beliebte Ziel (8200
Einw.) an: Den Stiel bildet die ab dem
Vorort Colombare 3,5 km lange, sich
nach Norden schiebende Landenge.
Ab dem Bollwerk öffnet sich der breite
Kelch, Platz für enge Gassen, Villen und
Hotels, Restaurants und Geschäfte. Im
Sommer schiebt sich eine Menschen-
schlange durch die Via Vittorio Emanuele, schneller kommt man mit dem
bimmelnden Trenino ans Ziel der
meisten Besucher, zu den Grotten des
Catull. Abseits vom Tagestourismus
hat sich mit dem Ausbau der Thermal-
quelle zur reizvollen Badelandschaft
Aquaria eine Oase der Ruhe gebildet.
Für ein kürzeres Badevergnügen bietet sich auf der Ostseite der Stadt, am
Ende der Passeggiata Panoramica, der
Lido delle Bionde (Strand der Blondi-
nen) für einen Sprung ins Wasser an.
Oder gleich hinter dem Castello der
schmale Kiesstrand am schön schatti-
gen Parco Pubblico.

 Sehenswert

Castello Scaligero

| Burg |

Die schönste Wasserburg Oberitaliens
präsentiert sich mit Zugbrücke und
einem durch eine Brücke noch einmal
gesicherten Wehrturm. Die papsttreu-
en Skaliger bauten die finstere Festung (13. Jh.) vor allem, um sich vor der
zornigen Bevölkerung zu schützen.
Informativer Blick auf den Aufbau der
Halbinsel bis zum oberen Ende, wo
einst die Römer siedelten.

■ Piazza Castello Square 1, Di–Sa 8.30–
19.30, So 8.30–13.30 Uhr, 6 €, erm. 3 €, bis
18 J. frei

Grotte di Catullo

| Archäologische Stätte |

7 *Auf Klippen bauten die Römer
Italiens größte Villenanlage*

Der Name der römischen Villa (150 n.
Chr.) ist irreführend: Die Grotten sind in
Wahrheit hohe Mauerbögen, statische
Unterkonstruktionen als Basis für die

über dem See hängenden, vordersten Stockwerke der Edelvilla. Und mit dem römischen Dichter Catull (85–54 v.Chr.) hat die luxuriöse Anlage nichts zu tun, beim Bau war der Poet schon rund 200 Jahre lang tot. Dessen ungeachtet ist das Anwesen mit Thermen und Wandelhalle sehenswert, auch das Museum mit Fundstücken aus der Villa und Sirmiones Umgebung.

■ Piazzale Orti Manara 4, www.grottedicatullo.beniculturali.it, April–Sept. Di–So 9–18, Okt.–März 9–16 Uhr, 8 €, erm. 4 € (18–24 J.), bis 18 J. frei

 Parken

Totales Parkverbot im historischen Zentrum, Hotelgäste dürfen zum Entladen und Beladen vorfahren. Gebührenpflichtige (Kurzzeit-)Parkplätze bei der Infostelle, großer Parkplatz Monte Baldo rechts vor der Insel. In der Hauptsaison kann es sein, dass man schon ab Colombare einen Platz suchen muss wie am Porto Galeazzo oder entlang der Via XXV Aprile (7–24 Uhr, 0,50–1 €/Std. werktags, So, Fei 1,50–2,20 €).

 Restaurants

€€ | **Ai Cigni** Eine Mischung aus Kneipe, Bar, Trattoria und Eisdiele, gut belegte Panini, Pizza und Pasta, große Eisportionen. ■ Via Vittorio Emanuele 12, Tel. 030/91 60 55, tgl. 9–22 Uhr

€€€ | **La Rucola** Großzügig und modern eingerichtetes Sternelokal mit Blick in die Küche, fantasievolle Pasta,

Eine zweite Attraktion Sirmiones sind die imposanten Grotten des Catull (S. 99)

spezielle Fischgerichte, z.B. geräucherter Lavarello (Felchen) mit Nüssen, Steinpilzen und Radicchio. ■ Vicolo Strentelle 7, Tel. 030/91 63 26, tgl. 12–22 Uhr

 ### Cafés

Die schönsten, beliebtesten, aber auch teuersten Cafés befinden sich auf der Piazza Giosuè Carducci wie das Caffè Grande Italia (Hausnummer 24) und die Bar Moderno (Nr. 30).

 ### Kinder

Ganz unterschiedliche Strände vor den Campingplätzen rechts und links von Sirmione bieten viel Kindgerechtes, im Ort selber beliebt ist der schmale Strand des Lido delle Bionde (mit netter Bar/Eisdiele) unterhalb des Cortine-Hügels vor den Grotten des Catull.

 ### Sport

Bootsverleih/Surfen Im Süden des Sees dürfen eher Motorboote fahren, weshalb man hier die meisten Anbieter von Motorbooten (mit und ohne Bootsführerschein), Wasserski etc. findet, etwa unter www.sirmioneboats.it. Aber die Hauptsache bleiben sanfte Wassersportarten wie Surfen, Kitesurfen und SUP. Gut organisiert im Claudio Lana Surf Center (www.lanaplanet.it) im Feriendorf Gardavillage (www.gardavillage.it) mit vielen anderen Sportarten (April.–Okt.).

 ### Entspannung

Aquaria In großem Park Innen- und Außenthermalbecken, ein Süßwasser-

Im Blickpunkt

Die Skaliger

Wo sich am Gardasee Festungen mit Schwalbenschwanzzinnen erheben, handelt es sich meist um die Hinterlassenschaft der mittelalterlichen Herrscher namens Skaliger, italienisch Scaligeri: in Malcesine und Torri del Benaco, in Sirmione sowie in Verona, dem Hauptsitz der Skaliger, die von 1260 bis 1387 herrschten. Ihrem Namen entsprechend trugen sie in ihrem Wappen eine Leiter, italienisch »scala«. Sie waren ghibellinisch, also kaisertreu, und nicht alle Skaliger waren bei ihren Untertanen so beliebt wie der gebildete Cangrande I. Della Scala, der 1311 von Kaiser Barbarossa zum Reichsvikar und 1318 zum Generalkapitän des lombardischen Ghibellinenbundes erhoben wurde. Immerhin zog er den großen Dante Alighieri an seinen Hof. Cangrande II. dagegen war ein Tyrann, kein Wunder, dass er seine Burg in Verona, das heutige Castelvecchio, waffenstarrend ausbauen lassen musste und dazu die Brücke über die Etsch als Fluchtweg, wenn es in der Stadt zu ungemütlich zu werden drohte. – Eine schöne, leider nur italienische Webseite: www.scaligeri.info.

becken im Freien, Saunen, Dampfbäder und Erlebnisduschen, breit gefächertes Wellnessprogramm. ■ Via Don Piatti 1, www.benesserelagodigarda.com, Feb.–Dez. 9–22 Uhr, Juli, Aug. bis 24 Uhr, 5 Std. 39–42 €, weitere Std. 10 €

Übernachten

Rund um den Gardasee reicht die Palette an Unterkünften vom Boutique-Hotel der Luxusklasse bis zum einfachen Familienhotel. In den Hafenorten der West- und Südküste kümmern sich viele Gastgeber um den Wassersport mit Vermietung und Kursen. Aber auch Wanderer und Mountainbiker finden Angebote und Beratung. Die Hotels im Binnenland sind meistens einfacher, dafür familiär und recht preiswert.

Riva del Garda 78

€€€ | Relax&Panorama Hotel Sole Vier-Sterne-Haus in der Altstadt neben der Torre Apponale und direkt am See. 81 komfortable Zimmer, die meisten mit Seeblick, 300 m zum Strand, kleiner Wellnessbereich, mit Restaurant und lebhafter Bar. ■ Piazza III Novembre 35, 38066 Riva del Garda, Tel. 04 64/55 26 86, www.hotelsoleriva.it

Limone sul Garda 80

€€ | Leonardo da Vinci Komfortable, terrassenförmige Hotelanlage 100 m vom Privatstrand (unterirdischer Zugang), 300 geräumige Zimmer, Wellnessbereich mit Hallenbad und Sauna, großer Pool und Kinderpools, Miniclub für 6–12 und 13–17 Jahre, All-inclusive-Service, zwei Restaurants, Pianobar, freier Parkplatz. ■ Via IV Novembre 3, 25010 Limone sul Garda, Tel. 03 65/95 90 11, www.hotelleonardolimone.it

Bei Tremosine sul Garda 82

€€ | Hotel Le Balze Großzügig angelegter Hotelkomplex, 81 komfortable Zimmer mit Seeblick, Wellnessbereich mit Sauna, Hallenbad, 13 Tennisplätze, Mountainbikeverleih, Miniclub (3–12 J.), Restaurant und Pizzeria, gratis Parkplatz. ■ Via Delle Balze 8, 25010 Voltino/Tremosine (6 km von Pieve), Tel. 03 65/91 71 55, www.hotellebalze.it

Gargnano 85

€€ | Meandro Traditionelles Hotel mit Atmosphäre unter der Leitung der Familie Samuelli, 50 behaglich eingerichtete Zimmer, Hallenbad, Solarium, große Panoramaterrasse, Restaurant mit Gardasee-Küche, hoteleigener Parkplatz, nur 5 Gehmin. zur Badeanlage Fontanella. Mit Atelier des Hausherrn Mariano Fuga, speziell »Cuchi«, Keramik-Blasinstrumente. ■ Via della Repubblica 44, 25084 Gargnano, Tel. 03 65/711 28, www.hotel meandro.it

Toscolano-Maderno 87

€€ | Maderno Von der Familie Piva geführtes Haus im Liberty-Stil, Pool im schönen Garten, 45 altmodisch eingerichtete, gemütliche Zimmer, Restaurant mit lokaler Küche, Pool, freier Parkplatz. Von hier ist man im Nu im historischen Ortskern wie auch am See bzw. am Hafen mit den Fähren zum Ostufer. ■ Via Statale 12, Ortsteil Maderno, 25088 Toscolano-Maderno, Tel. 03 65/64 10 70, www. hotelmaderno.it

Gardone Riviera

€€€ | **Savoy Palace** Jugendstilhotel in schöner Lage an der Seepromenade, 60 stilvolle Zimmer in klassischem Ambiente, großer Pool, Wellnessabteilung und Fitnessraum, Restaurant mit internationaler Küche. ■ Via Zanardelli 2/4, 25083 Gardone Riviera, Tel. 03 65/29 05 88, www.savoypalace.it

Salò

€€ | **Locanda del Benaco** Elegantes DreiS-sterne-Designhotel direkt an der Promenade, 13 stilvoll eingerichtete Zimmer auf drei Etagen, familiärer Service, beliebtes Restaurant und Frühstücksterrasse. ■ Via Lungolago Zanardelli 44, 25087 Salò, Tel. 03 65/2 03 08, www.locandadelbenaco.com

San Felice del Benaco

€ | **San Filis** Freundliches, familiengeführtes Hotel in einer Villa des 16. Jh., 25 geschmackvoll eingerichtete Zimmer, Pool, gutes Restaurant, Frühstück auf der Veranda mit Blick zum Garten, Abendessen im romantischen Innenhof. ■ Via Marconi 5, 25010 San Felice del Benaco, Tel. 0365/625 22, www.sanfilis.it

Desenzano del Garda

€€ | **Lido International** Vier-Sterne-Hotel mit direktem Zugang zum Strand, 36 komfortable Zimmer, großer Pool im Garten, Solarium, Bar auf der Sonnenterrasse am See, freier Parkplatz. ■ Viale Tommaso dal Molin 63, 25015 Desenzano del Garda, Tel. 030/914 10 27, www.lidointernational.it

Sirmione

€ | **Hotel Meridiana** Um einen Innenhof gebautes Dreisternehotel mit 21 komfortablen Zimmern, freundlicher Familienbetrieb, Sonnenterrasse im Obergeschoss, kein Restaurant. ■ Via Catullo 5, Centro Storico, 25019 Sirmione, Tel. 030/91 61 62, www.hotel meridianasirmione.it

ADAC *Das besondere Hotel*

Das **Boutique-Hotel Villa Sostaga** schwebt über Gargnano und dem See in einem 40 ha großen Park. Das frühere Jagdhaus der Feltrinelli wurde von Gabriele Seresina, ehemaliger Rennfahrer und Rennstalleigner, zu einem Hotel mit Atmosphäre ausgebaut. Ehefrau Gabriella hat das Interieur der 19 Zimmer und Suiten gestaltet. Das Restaurant bietet traditionelle Gardaseegerichte.
€€€ | Via Sostaga 19, Località Navazzo, 25084 Gargnano, Tel. 0365/79 12 18, www.villasostaga.it

Das lombardische Hinterland mit Brescia

Vorbei an wehrhaften Städten bis nach Brescia und weiter zu roman-tischen Tälern und Seen mit vergessenen Burgen und Dörfern

Große Teile des lombardischen Garda-see-Hinterlandes bleiben wegen der Attraktivität des Lago di Garda quasi links liegen. Dabei birgt das Land in den südlichen Moränenhügeln so manche Überraschung. Wer weiß schon, dass zwischen San Martino und Solferino nach blutiger Schlacht das Rote Kreuz gegründet wurde? Auch die Burg von Lonato wird erst langsam aus dem Dornröschenschlaf erweckt. Brescia schließlich, die Provinzhaupt-stadt, ist vollgepackt mit Spuren ihrer römischen Vergangenheit, hat sich mit einer ausgedehnten Fußgängerzone und einer spritzigen Gastronomie zu einer echten Urlaubsstadt entwickelt. Romantik pur und tiefblaue, saubere Seen verführen hinter der Bergwelt des Westufers zu fröhlichen Wande-rungen, zu flotten Radtouren und bie-ten Entdeckern unbekannte Burgen, Dörfer mit mittelalterlicher Atmosphä-re und lukullische Spezialitäten.

ADAC Top Tipps:

 8 La Rotonda, Brescia
| Kirche |
Eine Überraschung in der Rundkirche sind unter dem Hochchor die römi-schen und frühchristlichen Mosaiken in der Krypta. 113

9 Museo delle Palafitte
| Freiluftmuseum |
Vor 4 000 Jahren bauten die Men-schen Hütten auf Pfählen im See, um sich vor Feinden zu schützen. Das Museum zeigt solche Wohnstätten im Modell. 117

 10 Cascata del Varone
| Wasserfall |
Es tobt und zischt und spritzt in die-ser glitschigen Senkrechtschlucht, die vom Fluss Varone in 20 000 Jahren in den Fels gegraben wurde und noch immer geschliffen wird. 120

ADAC Empfehlungen:

Torre di San Martino
| Museum |
Auf einer Rampe geht es hoch zur Turmspitze, wo ein Leuchtfeuer in den Farben der italienischen Tricolore Grün, Weiß, Rot über den See blinkt. 107

Museo Mille Miglia
| Automuseum |
Autonarren begeistern sich hier an Oldtimern, die bei der Mille Miglia von Brescia nach Rom und zurück ab 1927 mitgefahren sind. 113

Caffè della Stampa, Brescia
| Bar |
Traditionelles Literaten- und Journa-listencafé an der schönen Piazza della Loggia mit reichen Aperitifs. 114

Rocca d'Anfo
| Burganlage |
Monströse, sich bis zum See abwärts ausdehnende Festungsanlage, heute über eine atemberaubende venezia-nische Treppe mit 600 Stufen zu er-obern. 115

Lago d'Ampola
| Sumpflandschaft |
Eine ungewöhnliche Moorlandschaft mit wenig bekannter Flora und Fauna im Val di Ledro, ein Spaziergang im Takt des Froschgequakes. 117

Canale di Tenno
| Künstlerkolonie |
Künstler entdeckten und retteten im Val di Tenno eines der schönsten Dör-fer des Trentino mit seiner mittelalter-lichen Ursprünglichkeit. 119

Der Turm von San Martino della Battaglia – Sinnbild für die Befreiungskriege Italiens

32 San Martino della Battaglia/Solferino

Hier entschied sich Italiens Freiheitskampf, hier entstand das Rote Kreuz

ℹ Information

■ Società Solferino e San Martino, Tel.030/991 03 70, www.solferinoesan martino.it (kein Publikumsverkehr, aber informative Websites)

Auf den Feldern rund um San Martino und Solferino wurde 1859 in blutigen Schlachten die Unabhängigkeit Italiens erkämpft (Risorgimento). Das für die Verwundeten unmenschliche Ereignis war für den aus Genf stammenden Henri Dunant der Anlass, das Rote Kreuz ins Leben zu rufen. An die Schlacht und ihre 25 000 Gefallenen erinnern in beiden verschlafenen Städtchen Türme, Museen und Ossarien, die schaurigen Beinhäuser.

In Solferino sind die Gedenkstätten zweigeteilt: Oberhalb des Ortes liegt das Castello mit großer Piazza (Parkplatz). Von dort aus geht es hoch zum Gonzaga-Turm, wegen des perfekten Rundblicks Spia d'Italia (Spion Italiens) genannt. Dahinter das Museo della Rocca, rechts vom Turm das Memoriale Croce Rossa Internazionale zum Gedenken an Friedensnobelpreisträger Henri Dunant, Gründer des Roten Kreuzes. 150 Steine erinnern an die bislang dem Roten Kreuz beigetretenen Länder, nicht alle unter dem roten Kreuz (auch der islamische Halbmond und eine Raute für den Davidstern Israels sind darunter). Unten, in der Nähe des Stadtzentrums, sind ein weiteres Museum und die Cappella Ossario geöffnet.

Sehenswert

Torre di San Martino
| Museum |

 *Zeugnisse der Befreiung von
der Besetzung durch Österreich*
64 m ist der Turm hoch, seine Terrasse
wird über eine 400 m lange Rampe
erreicht. Oben leuchtet ein bis Gargnano sichtbares Leuchtfeuer in den Farben der italienischen Tricolore Grün,
Weiß, Rot. Hinter dem Turm befindet
sich das Museum mit Waffen und
beeindruckenden Fresken der fürch-
terlichen Schlacht: 1859 konnte die
italienische Freiheitsbewegung mit
Unterstützung Frankreichs die Besat-
zermacht Österreich besiegen.

■ Museum und Turm, Via Torre 2, März–
Sept. tgl. 9–12.30, 14.30–19 Uhr, So, Fei
durchgehend, Okt.–Feb. Di–So 9–12.30,
14–17.30 Uhr. 5 €, 4 € (11–18 und über
65 J.), 2 € (Kinder bis 10 J.)

Museo Risorgimentale di Solferino
| Museum |

Die Rückschau auf das Kriegsbündnis
mit Frankreich gegen Österreich zeigt
u.a. Kanonen, Fotos, Gemälde und
Fundstücke von den Schlachtfeldern.

■ Via Ossario, Mitte März–Mitte Okt.
9–12.30, 14.30–19 Uhr, 2.50 €, erm. 1 €
(11–18 und über 65 J.)

Cappella Ossario di Solferino
| Gedenkstätte |

Beim Betreten hat man ein mulmiges
Gefühl, denn hier werden von der
großen Schlacht 1413 Schädel und
5600 andere Gebeine von 7000 Gefallenen aufbewahrt.

■ Via Ossario, oberhalb des Museums,
im Sommer 9–19, im Winter 9–17 Uhr,
freier Eintritt

 Restaurants

€€ | **Ortaglia** Beliebtes Restaurant in
den Gewölben eines früheren Klosters.
Lokale Küche mit Zutaten eigener
Produktion, hausgemachte Pasta, tolle
Fleischgerichte, eigene Weine. ■ Loca-
lità Ortaglio, unterhalb des Turms von
San Martino, Tel. 030/991 01 06, www.
agriturismoortaglia.it, Di–So ganzjährig

33 Lonato del Garda
*Kleinod in den Moränenhügeln mit
Funden römischer Brennöfen*

i Information

■ Ufficio Informazioni Turistiche, Piazza
Martiri della Libertà 12, 25017 Lonato del
Garda (BS), Tel. 030/91 39 22 26, www.
lonatoturismo.it

Die beste Sicht auf Stadt und Land
bietet die weithin sichtbare Festung
(ab 909). Vom stark befestigten oberen

ADAC *Mittendrin*

Fiera di Sant'Antonio Abate Seit
60 Jahren wird in Lonato um den
17. Januar an drei Tagen die große
Messe für Sant'Antonio Abate ab-
gehalten, einst agrarisch, heute
ergänzt durch Kunsthandwerk
und Handel, mit Ständen auf einer
Fläche von rund 6500 m² im gesamten historischen Zentrum. Am
17. Januar werden in der Kirche
Sant'Antonio die Tiere gesegnet.
Das berühmt-gute Schweine-
fleisch der Gegend wird in allen
Variationen an Ständen und in
den Restaurants der Stadt angeboten.

Burghof aus lässt sich die Erkundungs-tour durch Lonato (15 600 Einw.) gut planen. Die Mitte der Stadt markiert der für die Aufnahme der Warnglocken gebaute Stadtturm, ihm gegenüber sticht die 60 m hohe Kuppel der Basilika San Giovanni Battista ins Auge. Neben der Piazza del Comune steht das Rathaus, in dessen Konferenzsaal Andrea Celesti (1637–1712) als Dank für das Ende der Pest ein 262 x 735 m gro-ßes Kunstwerk malte. Folgt der Blick von der Burg dem teils mit Kopfsteinen gepflasterten Weg nach unten, fällt vor dem Stadttor das Dachensem-ble des Hauses des Podestà, der einstige Sitz des Stadtvogts, auf. Nach dem Stadtbummel gehört neuerdings auch noch die Besichtigung eines rö-mischen Ziegelbrennofens zum ab-wechslungsreichen Programm.

 Sehenswert

Castello di Lonato
| Festung |
Über eine Rampe lässt sich der wehr-hafte obere Burghof der prächtigen Festungsanlage erreichen. Von dort schweift der Blick über die Stadt, die Hügel und den See. In der Casa del Castellano wohnten einst die Verwal-ter der Burg. Heute befindet sich dort das Ornithologische Museum mit ei-ner Sammlung ausgestopfter Vögel.
■ Via Rocca s/n, www.roccadilonato.it, Juni–Sept. tgl. 10–18.30, Okt.–Mai Sa, So 10–12, 14.30–18.30 Uhr, 5 €, erm. 2 €

Casa del Podestà
| Palais |
Der Politiker, Historiker und Kunst-sammler Ugo da Como (1869–941) res-taurierte das Anwesen des früheren venezianischen Stadtvogts, das histo-rische Möbel, Waffen und Fresken in wohnbereiten Räumlichkeiten birgt. Sehenswert ist die Bibliothek mit 50 000 alten, seltenen Büchern ab 12. Jh. Suchspiel: das kleinste Buch der Welt.
■ Via Rocca 2, www.fondazioneugoda como.it, tgl. 10–12, 14.30–18 Uhr, 6 €, erm. 3 €; Kombiticket mit Castello 8/5 €

La Fornace Romana
| Archäologische Stätte |
Weil in der Gegend Lonatos im 1. und 2. Jh. n. Chr. noch reichlich Wälder, Wasser und Lehmboden vorhanden waren, fanden die Römer hier die richtige Stätte, um Ziegel und Kalk für die Villen der Veteranen zu brennen. Einer von sechs Ziegelbrennöfen wurde ausge-graben und in einer Halle geschützt. Beeindruckend, wie die alten Hand-werker bei 15 Tagen Vor- und Nachbe-reitung nach drei Tagen Befeuerung mit 800°C rund 60 000 Backsteine produzierten.
■ Località Fornace dei Gorghi, Via Man-tova 54, in Lonato Richtung Castiglione delle Stiviere, dann Hinweisen folgen, Mobiltel. 36 65 47 46 56, www.fornaciro manedilonato.it, geführte Touren auf Website buchen oder per Telefon bzw. Mail anmelden, 65 € pro Gruppe

 Parken

Der große freie Parcheggio del Corlo befindet sich im Norden, Via dei Fanti, in Burgnähe.

 Restaurants

€ | Le Lasse Cafè Frühstück, Mittages-sen und Aperitivi zu günstigen Preisen, Panini ab 4, Pasta ab 6 €, freundlicher Service. ■ Via Repubblica 45, Tel. 030/ 913 20 53, Do–Di 7–21.30 Uhr

€€ | **La Rocca Contesa** Gepflegtes Restaurant zu Füßen der Rocca, auf Meeresfrüchte spezialisiert. ■ Via Ugo da Como 8, Tel. 030/991 37 80, www.laroccacontesa.it, Mo. geschl.

 Einkaufen

Il Leone di Lonato Gigantisches Shoppingcenter mit 120 Geschäften aller Art, Restaurants von Pizzeria bis Weinbar, großer Kinderbereich mit Spielen und Aufsicht, Kino. ■ Via Mantova 36, www.illeonedilonato.com, tgl. 9–22 Uhr, Mo–Fr Bus-Service ab Rivoltella und Desenzano.

 Kneipen, Bars und Clubs

Coco Beach Der heißeste Club am Gardasee, im Sommer Strand (ab 9 Uhr) mit aufgeschüttetem Sand, Palmen und Service am Liegestuhl. Diskothek, elegantes, hochpreisiges Restaurant. ■ Via Catullo 5, an der Küstenstraße nördlich Desenzanos, Tel. 030/912 48 50, www.cocobeachclub.net, Diskothek im Sommer bis 2 Uhr nachts, Fr–So 21–4 Uhr

 Kinder

Wasserpark La Quiete Großzügige Badelandschaft, Familienbecken mit 3 Pools, Abenteuerpool für Kinder von 3–12 Jahren, Kinderspielplatz, Babysitterteam kostenlos, Fußball-, Beachvolleyball- und Basketballplätze, Restaurant und Picknickplätze. Nur während der Sommersaison geöffnet. ■ Via Corte Bettina, www.parcolaquiete.it, Tagespreis 10/8 € (bis 1.40 m), sonntags und im August 13/10 €

Der Stadtturm und die Kuppel der Basilika überragen Lonato del Garda

Brescia

Die edle, schöne Römerin – Weltkulturerbe der UNESCO

Auf der Piazza della Loggia laden Cafès und Restaurants zum Verweilen ein

ℹ Information

■ Infopoint Centro, Via Trieste 1/Piazza Paolo VI, 25121 Brescia, Tel. 030/240 03 57, www.turismobrescia.it
■ Parken S. 113

Die Provinzhauptstadt Brescia (197 000 Einwohner) hat ihr historisches Zentrum für den Verkehr gesperrt, die Besichtigung der römischen Vergangenheit, der Shoppingbummel und die Suche nach Restaurants und Bars werden in der ausgedehnten Fußgängerzone zum ungetrübten Erlebnis. Gäste aus aller Welt streben zuerst in die Via dei Musei mit römischem Forum, Kapitol und Theater (79 n. Chr.), ein paar Schritte weiter zum Museen- und Kirchenkomplex Santa Giulia. Die gesamte Zone wurde 2011 in die Liste des Weltkulturerbes der UNESCO aufgenommen. Einen Ehrenplatz in der Besucherliste nimmt auch das mit viel Muskelkraft zu erobernde Castello auf dem Cidneo-Hügel ein. Gemütliche Spaziergänge hingegen bietet im Zentrum der Stadt u. a. die Piazza della Loggia. Sie wird umrahmt von edlen Palästen und der Torre dell'Orologio mit astrologischen Daten und den zwei Mohren über den schwierig zu

Plan
S. 112

👁 **Sehenswert**

1 **Area Archeologica del Capitolium**

| Archäologische Stätte |

Zentrum des Ausgrabungsgeländes ist das mit korinthischen Säulen geschmückte Kapitol, dahinter Räume mit kleinem Museum und Videoshow. Auch das römische Theater mit ehemals 15000 Zuschauerplätzen ist zugänglich. Neu eröffnet wurde der unterirdische Zugang zur »Cella«, der einst nur für Priester erlaubte Kultraum des Heiligtums. Einführung mit einem Film über die abenteuerliche Entwicklung der Anlage. Die Wände sind mit Rahmen in vorwiegend kräftigen Rottönen und gerafften Vorhängen verziert, gut erhalten ist der Terrazzo-Fußboden.

■ Via dei Musei 57, www.bresciamusei. com, Okt.–Mitte Juni Di–So 9–18, Do 9–??. Mitte Juni–Sept. 10.30–19, Do 10.30–22 Uhr, 8 €, erm. 4,50 € (14–18 J.), 3 € (6–13 J.), Familien (2 Erw., 2 Kinder) 18 €

2 **Museo di Santa Giulia**

| Museum |

Klosterkomplex mit dem Museo Civico, das mehrere Klosterräume und Kreuzgänge inklusive der Basilica San Salvatore umfasst, kaum zu fassen sind die vielen Exponate aus 2000 Jahren Stadtgeschichte. Unbedingt gesucht werden sollten die sechs Bronzebüsten aus der Kaiserzeit (2.–3. Jh.) sowie die »Vittoria«, eine geflügelte, in ein faltenreiches Gewand gehüllte Siegesgöttin (70 n. Chr.). Höhepunkt in der mit Fresken ausgemalten Hauskapelle

deutenden Mond- und Sternzeichen, die laut und vernehmlich die vollen Stunden hämmern. Kurz danach folgt die Piazza Paolo VI mit Altem und Neuem Dom. Beide Plätze werden von den Arkaden der Via X Giornate getrennt, wo es recht schwierig wird, den Kaufrausch zu zähmen. Wer motorisiert ist, darf natürlich nicht versäumen, bei der An- oder Abfahrt im Vorort Sant'Eufemia (Südosten der City) die aufregende Sammlung röhrender Rennwagen im Museo Mille Miglia zu bewundern. Und wer Abenteuer mag, wagt sich in Brescias Untergrund, der wirklich tiefe Einblicke gewährt.

der Kirche Santa Maria in Solario ist das mit über 200 Gemmen, Glasmedaillons und Edelsteinen geschmückte »Kreuz des Desiderius« (Ende 8. Jh.).

■ Via dei Musei 81b, www.bresciamusei. com, Öffnungszeiten wie Area Archeologica, 10 €, 5.50 € (14–18 J.), 3 € (6–13 J.), Familien (2 Erw., 2 Kinder) 21 €

❸ Castello
| Festung |

Dort, wo die Ligurer vor rund 3200 Jahren erstmals siedelten, thront heute das mächtige Kastell. Steil sind die Wege hinauf und innerhalb der Anlage (feste, flache Schuhe zu empfehlen). Doch es lohnt sich, schon allein der Blick auf die Stadt von den großen Parkanlagen rund um die Festung, Brescias »Grüne Lunge«. Zwei Museen sind in der Befestigungsanlage untergebracht: das Museum des Risorimento (Befreiungskriege), auf längere

Zeit geschlossen, und das Waffenmuseum, in dem die vielen Schlachtrösser mit geharnischten Rittern auf ihren Rücken auch bei Kindern großes Interesse wecken.

■ Castello: Via Castello 9, auch Fahrstraße, Parkplatz, www.bresciamusei.com, Okt.–Mitte Juni Di–So 9–18, Do bis 22, Mitte Juni–Sept. Di–So 10.30–19, Do bis 22 Uhr, Eintritt frei. Museo delle Armi: s.o., 4 €, erm. 3 € (bis 18 und ab 65 J.), Familien (ab 3 Kinder) 15 €

❹ Piazza della Loggia
| Platz |

Dieser noble Platz wird gerne als einer der schönsten venezianischen Plätze bezeichnet. Namenspate ist der Palazzo Loggia, Symbol der Stadt und Sitz der Gemeinde. An der Gestaltung des Palastes mit der auffallenden Kuppel waren die größten Architekten ihrer Zeit, Sansovino und Palladio, beteiligt.

Die edle Ausstattung der Räume, Decken mit Fresken und wertvolle Gemälde, können während der Bürozeiten besichtigt werden. Auf der südlichen Seite des Platzes fällt ein eleganter Bogengang auf, über dem eine Loggia mit sieben grazilen Bögen jeden Hobbyfotografen reizt. Es handelt sich um den Monte Pietà, das frühere Pfandhaus. Auf der Nordseite steht das Denkmal »Bella Italia« (Giovanni Battista Lombardi, 1864), das an die Märtyrer der 10-tägigen Belagerung »Dieci Giornate« durch Kaiser Friedrich II. erinnert. Der Loggia gegenüber schauen die Besucher etwas ratlos auf die Torre dell'Orologio (Uhrenturm). Für fast alle ist es unmöglich, aus der komplizierten Zusammensetzung aus Sonnenuhr, Mechanismus und Zifferblatt die Zeit abzulesen. Über dem bunten Zeitmesser erbarmen sich seit 1581 zwei Glockendiener und signalisieren jede volle Stunde. Die Brescianer tauften sie in ihrem Dialekt auf den Namen »I Macc de le ure«, die Verrückten der Stunden.

 Kostenlose Besichtigungen Mo–Fr 8.30–12.30, 14–19 Uhr, beim Pförtner um Erlaubnis bitten.

 La Rotonda
| Kirche |

 Schon von außen durch ihre Struktur eine Augenweide

Wegen der schönen und runden äußeren Struktur wird der Duomo Vecchio auch »La Rotonda« genannt und gilt als eines der bedeutendsten romanischen Bauwerke der Lombardei. Beim Eintritt wird der Blick gleich vom dunkelroten Marmorsarg des Bernardo Maggi, 1275 bis 1308 Bischof von Brescia, gefesselt. Der Aufmarsch der Figuren erinnert an seinen Verdienst,

die verfeindeten Guelfen und Ghibellinen zur Beendigung der blutigen Kämpfe bewegt zu haben. Auf der anderen Seite des faszinierenden harmonischen Innenraums sollte man den Hochchor betreten, um durch gläserne Bodenplatten die römischen und frühchristlichen Mosaiken der Krypta zu bewundern.

Museo Mille Miglia
| Museum |

 An der Abtei Sant'Eufemia startet das berühmte Rennen

Autofans begeistern sich an der Ausstellung der schönsten Oldtimerrennwagen, die bei der Mille Miglia von Brescia nach Rom und wieder zurück zwischen 1927 und 1957 mitgefahren sind, alle sind perfekt erhalten und restauriert. Im Museumsshop werden Freizeitartikel, Geschenkideen, Kleidung und Lederwaren für Autofahrer angeboten.

■ Viale della Bornata 123, Vorort S. Eufemia, www.museomillemiglia.it, tgl. 10–18 Uhr, 6 €, erm. 3 € (11–16 J.), bis 10 J. gratis

P Parken

In der Stadt gute Hinweise zu den gebührenpflichtigen Parkplätzen und Garagen; vom Gardasee kommend günstig sind Parkplätze an der Piazza Arnaldo, im Zentrum bei der Piazza Marcato.

Restaurants

€ | **Centro Pastorale Paolo VI** Stilvolles Restaurant, aufmerksamer Service, lokale Küche, hervorragende Fleisch- und Fischgerichte. ■ Via Calini Gezio 30, www.centropastoralepaolovi.it, Fr–So nur mittags, Plan S. 112 c3

ADAC *Mittendrin*

Gesundheitsbewusste Einheimische kaufen auf den **Märkten von Campagna Amica**, die es in der Provinz Brescia in sehr großer Anzahl gibt. Ein besonderer Wochenmarkt wird in der stadtnahen **Cascina Maggia** aufgebaut. Hier findet man jeden Samstag (außer an Feiertagen) von 8–13 Uhr Obst und Gemüse, Käse und Olivenöl, Gemüsesoßen, Honig und Honigprodukte, Marmeladen, Wein und viele andere Öko- und Naturprodukte. Zudem bietet das Landgut ein paar Zimmer für Übernachtung mit Frühstück (alles bio natürlich) und ein einladendes Restaurant.
Cascina Maggia, Via della Maggia 3, Tel. 030/353 07 35, www.cascina maggia.it

€€ | **La Bersagliera** Bei Einheimischen beliebt, napolitanische Küche, große Pizza-Auswahl, reich belegt, Fleisch- und Fischgerichte, Spezialität: fantasievolle Aufschnittplatte. ■ Corso Magenta 38, Tel. 030/375 05 69, www.labersagliera brescia.it, Mo geschl., Plan S. 112 c3

€€ | **Raffa** Restaurant mit Atmosphäre, hausgemachte Pasta, brescianische Küche, gute Fleischgerichte. ■ Corso Magenta 15, Tel. 030/490 37, mittags und abends, Mo geschl., Plan S. 112 b3

Einkaufen

L'Erbolario Parfums, Kosmetikartikel aus italienischen Kräutern und Essenzen. ■ Via X Giornate 31 und Via Italia 31, CC Freccia Rossa, Di–So 10–12.30, 15.30–19.30, Mo nur nachmittags, Plan S. 112 b2

S.oks Shop In Italien hergestellte Socken für Damen, Herren und Kinder. ■ Corso Zanardelli 30 und Via X Giornate 69, tgl. 10–19.30 Uhr, Plan S. 112 b3 und b2

Kneipen, Bars und Clubs

22 **Caffè della Stampa** Historische Bar, viel einheimisches Publikum, preiswerte Aperitivi mit Snacks, gute Auswahl an Wein aus der Franciacorta; besonders stimmungsvoll sind die Außenplätze mit Blick auf die rätselhafte Torre dell'Orologio, den Uhrenturm. ■ Piazza della Loggia, Mobiltel. 34 84 03 48 49, tgl. 7–2 Uhr, Plan S. 112 b2

Erlebnisse

Eine abenteuerliche Tour führt in die Unterwelt von Brescia. Mit Helm und Stiefeln bewaffnet, waten die Teilnehmer durch unzählige Wasserläufe, antike Flüsse, Kanäle und historische Bewässerungskanäle. Stimmungsvolle und lehrreiche Führungen garantieren eine ungewöhnliche Entdeckungsreise ■ Informationen und Buchungen: Associazione Speleologica Bresciana, www.speleoasb.it, Verein Brescia Underground, www.bresciaunderground.com

35 Lago d'Idro

Versteckt hinter den Bergen, gilt der See noch als Geheimtipp

Information

■ Consorzio Operatori Turistici, Via Trento 16, 25074 Idro (BS), Tel. 03 65/832 24, www.lagodidro.it

Kommt man vom Gardasee und hat die letzten Bergausläufer der Dolomi-

Der Lago d'Idro ist der kleinere und ruhigere Nachbar des Gardasees

ten überwunden, liegt etwas versteckt zwischen grünen Hügeln und Wäldern der kleine Idrosee. Er gilt immer noch als Geheimtipp, die kleinen Dörfchen haben ihren italienischen Charakter bewahrt, und Kenner unter den Urlaubern schätzen seine Qualitäten: absolut sauberes Wasser, durch die geschützte Lage Wassertemperaturen bis September bei 24° C, Wassersport und wenig Mücken.

 Sehenswert

Rocca d'Anfo
| Burganlage |

Mächtige Mauern vom Berg bis zum Ufer des Sees

Monströse, sich vom Monte Suello bis zum See abwärts ausdehnende Festungsanlage, 1800 von Napoleon rekonstruiert, ein Bollwerk an der damaligen Grenze von Österreich-Ungarn und Italien. Im Dienst des Militärs bis 1975. Wahrlich atemberaubend die venezianische Treppe aus 600 Granitstufen. Die geführte Besichtigung dauert 4 Stunden, von der Kasse und führt dann vom See aus bergwärts.

■ Kartenverkauf: Via Calcaterra 6, in der Nähe des Rathauses, am Wochenende 8–18 Uhr, Termine und Anmeldung zur Führung Tel. 03 65/832 24, www.rocca danfo.eu, 10 €, erm. 5 € (5–15 J.), freie Parkplätze vorhanden

 Restaurants

€ | **El Chiringuito** Ausgebauter Kiosk in Strandnähe, außer warmen Gerichten ganztags kalte Platten, Panini etc. ■ Via Quadri I, Nähe Hafen, Ponte Caffaro, Tel. 33 8283 0365, www.ristoranteelchiringu ito.it, im Sommer tgl. 8–2 Uhr

€€€ | Al Pescatore Bei Einheimischen bevorzugtes Restaurant, speziell Fischgerichte, hervorragende Pasta, große Portionen, sehr guter Service. ■ Via dei Quadri V 36, Richtung See, Ponte Caffaro, Tel. 03 65/99 01 92, www.alpescatorelagodidro.it, ganzjährig tgl. geöffnet

Einkaufen

Typische Produkte der Umgebung, Käse (Bagóss), Wurst, Wein, Marmelade, Honig, Maisgrieß (Polenta) etc., außer Juli und Aug. So und Mi nachm. geschl. **Paolo Market** Alles für den Campingurlaub. ■ Via Caduti 49, Ponte Caffaro, Tel. 03 65/99 01 21, www.paolomarket.com
Jolly Market Kleiner Supermarkt mit Lokalen Produkten. ■ Piazza Mercado, Idro Ortsteil Crone, Tel. 03 65/831 73, www.jollymarket.net

Kinder

Batello Eine fröhliche Schiffstour rund um den Idrosee mit Stopp an allen Häfen. ■ www.visitchiese.it, Juni–Mitte Sept. mehrmals tgl., Rundtour knapp 2 Std., 7 €, erm. 1 € (unter 1 m Größe).

Sport

Surfpoint Lago d'Idro Windsurfen, Steh-Paddel (SUP), Mountainbike, Klettern, Wandern, Kurse und Touren. ■ Via Vantone 45, Idro, Mobiltel. 33 92 27 59 94 und Anfo, Località Calcaterra, Mobiltel. 33 94 66 99 45, www.surfpoint.it, Pfingsten-Mitte Sept. 10.30–18.30 Uhr
Maselli Kite School Kurse für alle Altersklassen. ■ Am Nordufer, Nähe Camping Pian d'Oneda, Ponte Caffaro, Mobiltel. 34 70 30 63 12, www.mks-kite.com

Die nachgebauten Pfahlbauten von Ledro zeigen das Leben in der Bronzezeit

36 Val di Ledro

Eine stille Welt, die von Wanderern und Radlern erobert werden will

 Information

■ Consorzio per il Turismo, Via Nuova 7, 38067 Ledro, Ortsteil Pieve, Tel. 04 64/55 12 22, www.valledilledro.com

Der Ledrosee ist die Erholung vom nur 10 km entfernten nördlichen Gardasee, hierher verziehen sich Wanderer, Spaziergänger, Radfahrer und Sonnenanbeter, wenn sie mehr Ruhe suchen. Der nahe Gardasee hat zudem der kleinen Schwester unabsichtlich eine Sensation für Urlauber geschenkt: Als man in den 1920er-Jahren für Riva Wasser für die Gewinnung von Strom abzapfte, senkte sich der Wasserspiegel des Ledrosees und 10 000 alte Pfähle holten die stille Gegend in eine Zeit vor 4 000 Jahren zurück. Wie die Siedler der Bronzezeit sich mit Pfahlbauten vor Feinden und wilden Tieren schützten, kann heute im Museo delle Palafitte nachempfunden werden.

 Sehenswert

Museo delle Palafitte
| Archäologische Stätte |

9 *Die Bronzezeit-Menschen suchten im See Schutz vor Feinden*

Im Museum zeigen Beile, Dolche, Schmuck, Boote, Pflüge, Pfeilspitzen, Getreidemühlen usw. die hohe handwerkliche Entwicklungsstufe der Bronzezeit-Menschen. In Vitrinen sind außerdem bei Ausgrabungen gefundene Getreidekörner, Haselnüsse, Kastanien und Eicheln ausgestellt. Eine Vorstellung, wie die Menschen damals auf Stelzen im Wasser den Alltag verbrachten, gewinnt man in drei nachgebauten Pfahlbauhütten.

■ Via Lungolago 1, 38067 Ledro, Ortsteil Molina, Tel. 0464/50 81 82, www.palafitte ledro.it, tgl. März–Juni 9–17, Juli, Aug. 10–18, Sept.–Nov. 9–17 Uhr, Dez.–Feb. geschl., 3.50 €, erm. 2.50 €, Familien (2 Erw., 2 Kinder bis 14. J.) 7 €, Kinder bis 14 J. frei

Lago d'Ampola
| Sumpflandschaft |

 Hier quaken die Frösche, schweben Libellen lautlos dahin

Der Spazierweg durch die ungewöhnliche Landschaft des Ampola-Moors ist gut ausgebaut, kann auch mit dem Buggy bewältigt werden. Unterwegs begegnet den Besuchern eine ungewohnte Flora und Fauna: Teichrose, Sumpfwurz, Schilf und Binsen, Frösche, Kröten, Wasserläufer und Libellen. Im Besucherzentrum gibt es gute Einführung mit Computerprogrammen und Multimediashow, ausgebildete Guides beantworten alle Fragen. Bei der Fahrt an der Straße zu entdecken: historische Kalkbrennöfen.

■ Zwischen Ampola-Pass und Pieve di Ledro, Parkplatz, Besucherzentrum Mai–Sept. Di–Sa 10–13.30, 15–18.30, So 13.30–18.30 Uhr, Eintritt frei

Ledro Land Art
| Skulpturenwald |

Ein Erlebnis besonderer Art ist die Kunstausstellung im Wald, die jedes Jahr mit neuen kreativen Objekten bereichert wird. Hier rennen auch die jungen Wanderer mit Begeisterung von Baum zu Baum, suchen den Opa aus Blech, das Tier mit Haus auf dem Rücken, den komischen stacheligen Igel. Und wenn mal eine verwitterte

Skulptur ausgetauscht wird, die steinernen Viecher mit gebogenem Kopfschmuck bleiben stehen, bereit für einen Ritt in das Land der Fantasie.
■ Vorbei am Pfahlbautenmuseum zu Fuß am Bach Assat entlang bis zum Ortsteil Pur, großer Plan rechts am Waldrand

Restaurants

€€ | **Locanda Le Tre Oche** Kleines, uriges Lokal mit regionalen Spezialitäten wie Käseknödel (Canederli), Kartoffelpolenta und Carne salada (eingelegtes Fleisch). ■ Via Maffei 37, Molina di Ledro, Tel. 0464/509062, www.locandaletreoche.it

An passenden Winden für Paragliding fehlt es am Ledrosee auch nicht

Kinder

Um die Lebens- und Arbeitsweise der Pfahldorfbewohner zu verstehen, läuft im Juli und August im **Museo delle Palafitte** speziell für Kinder das »Palafittando«-Programm, auch auf Deutsch. Buben und Mädchen spielen Archäologen, schießen mit Pfeil und Bogen, melken Ziegen, weben und färben mit natürlichen Fasern wie die Vorvorfahren. Sogar Brot wird im Holzkohleofen gebacken. ■ www.palafitteledro.it

Sport

Strada del Ponale Die frühere Autostraße ist heute nur für Radfahrer und Fußgänger zugänglich. Sie wurde in den blanken Fels der Steilküste oberhalb von Riva del Garda geschlagen. Vom Eingang nach dem Wasserkraftwerk in Riva bis zum Beginn des Ledrotals sind es 5,5 km. Unterwegs kann man tagsüber Rast machen im Restaurant Ponale Alto Belvedere (Pasta, Salate, Sandwiches und Bar mit Selbstbedienung, Mobiltel. 3476936502).
Trentino Adventures Paragliding und Canyoning. ■ Via Nuova 7, Pieve di Ledro, www.trentinoadventures.it

37 Val di Tenno

Versteckt in den Bergen: Dörfer mit mittelalterlichem Charakter

Information

■ Touristeninformation, Via Dante Alighieri 18, 38060 Tenno, Tel. 0464/502153, www.visitgarda.com

Sportliche Autofahrer genießen nördlich von Riva schon die Anfahrt mit

Das Rustico Medioevo in Canale di Tenno lässt das Mittelalter wieder auferstehen

zahlreichen Serpentinen über die SP37 oder über die SS421. Der urige Ort Tenno bietet mit seiner mächtigen Burg (privat) eines der vielen Motive für Hobbyfotografen. Von der Festung aus bietet sich eine pittoreske Aussicht auf den Gardasee. Die Burg wurde ungefähr im 12. Jahrhundert errichtet und krönt den alten Ortsteil von Frapporta sowie die kleine Kirche San Lorenzo, eines der bedeutendsten Beispiele romanischer Kunst im Trentino. Naturfreunde genießen den kleinen, tiefblauen, von Nadelwald eingerahmten See, angeblich das sauberste Badegewässer Italiens. Ein Kiesstrand lockt viele Badefreunde an (in der Saison ab 11 Uhr ziemlich voll), die kleine Insel in Seemitte kann bei niedrigem Wasserstand auch zu Fuß erreicht werden. Spaziergänger umrunden den durch Wege erschlossenen Uferstreifen lässig in einer Stunde. Die Landschaft um Tenno ist Teil der Riserva della Biosfera UNESCO »Alpi Ledrensi e Judicaria«, eine Auszeichnung für Gebiete mit besonders großer Biodiversität und bedeutender Geschichte.

 Sehenswert

Canale di Tenno
| Künstlerkolonie |

 Nostalgische Träumer retteten das Dorf vor dem Zerfall

Von Künstlern entdeckt und gerettet, begeistert eines der schönsten Dörfer des Trentino mit seiner mittelalterlichen Ursprünglichkeit. Die engen Gassen, die dunklen Steinhäuser und Bogengänge, die hallenden Schritte auf rundem Kopfsteinpflaster erzeugen eine entrückte Stimmung. Lebhafter wird es im Sommer, wenn im Künstlerhaus Casa degli artisti Ausstellungen stattfinden oder im August beim mittelalterlichen Sommerfest Rustico Medioevo. Romantisch ist um Weihnachten der Markt mit heimischer Handwerkskunst und traditionellen Gerichten. Ein paar Häuser wurden zu B&B umfunktioniert und bieten eine schöne Bleibe.

Die Cascata del Varone ist ein echtes Erlebnis für Groß und Klein

Cascata del Varone
| Wasserfall |

10 *Thomas Mann ließ sich von diesen Wassermassen inspirieren*

Ein Naturschauspiel aus ohrenbetäubendem Rauschen, Wasserspray, Grotten und beängstigenden senkrechten Schluchten, vom Varone-Fluss in 20 000 Jahren in den Fels gegraben. Das Erlebnis genossen schon Kaiser Franz Joseph, Franz Kafka und Thomas Mann. Der Romanautor hörte in der Schlucht »bedrohliche und mahnende Rufe, Trompeten und raue Männerstimmen.« Und was hören Sie?

■ Via Cascata 12, Varone, Località le Foci 3, 4 km oberhalb Riva Richtung Tenno, www.cascata-varone.com, Mai–Aug. 9–19, April, Sept. 9–18, März und Okt.–Feb. 10–17 Uhr, 6 €, bis 6. J. frei, Familienticket (2 Erw. und 2 Kinder) 22 €

 Restaurants

€€€ | Pie di Castello Familienbetriebenes, gemütliches Restaurant mit hochwertiger Küche. Spezialität: Carne Salada, ein Menü mit mariniertem Rindfleisch, seit Generationen nach Methode des Mittelalters. ■ Via al Cingol Ros 38, Cologna di Tenno (4 km von Riva Richtung Tenno), Tel. 04 64/52 10 65, www.piedicastello.it, Ruhetag Di, für abends im Winter lieber anrufen

 Einkaufen

Vasaio Claudia Ceretti und Eugenio Pachner fertigen in ihrem herrlich urigen Dorfhaus Raku-Keramik nach orientalischer Tradition, außerdem allerlei Souvenirs zwischen Kunst und Kitsch. ■ Canale Nr. 12, tgl. 9–19 Uhr

Übernachten

»Hinter den Bergen bei den 7 Zwergen« atmen viele Städte und Dörfer noch die italienische Gemütlichkeit. Auch die Unterkünfte bieten Bescheidenheit, gepaart mit Gemütlichkeit, einfacheres Ambiente mit preiswerter Bleibe. Die Provinzhauptstadt Brescia überzeugt durch eine Mischung aus hoher Kultur mit Luxus und zurückhaltender Pracht mit preiswerter Gastlichkeit.

San Martino della Battaglia/ Solferino

€ | **La Spia d'Italia** Kleines Hotel in Stadtmitte, 28 ordentlich ausgestattete Zimmer, großes Restaurant in früherem Pferdestall, Radverleih, freier Parkplatz. ■ Via dei Francesi 2, 46040 Solferino, Tel. 0376/854982, www.albergolaspiaditalia.com

Lonato del Garda

€ | **Vip's Motel** Auch bei Geschäftsleuten beliebtes Vier-Sterne-Motel (Auto direkt vor der Unterkunft), 63 komfortable Zimmer, Bar und Frühstücksraum, Pool im Garten, Sauna, Spielplatz. ■ Via Rassica 9/b, 25017 Lonato del Garda, Tel. 030/9133489, www.vipsmotel.it

Brescia

€€€ | **Vittoria** Eine Unterkunft mit dem Charme der 1930er-Jahre in bester Lage für Stadtbummler, Treff zur Mille Miglia, eine Mischung aus stilvoller Eleganz und teilweiser Modernisierung, 65 Zimmer und Suiten, teils mit Originalmöbeln und ältlicher Armatur, luxuriöse Salons und Restaurant mit Bar, kostenloser Parkplatz. ■ Via X Giornate 20, 25128 Brescia, Tel 030/7687200, www.hotelvittoria.com

ADAC *Das besondere Hotel*

Das **Centro Paolo VI** befindet sich im Zentrum von Brescia außerhalb der Verbotszone für den Verkehr. Die Großzügigkeit der Salons und Kreuzgänge sorgt im ehemaligen Kloster für besondere Urlaubsstimmung, Die 108 mit klassischem Mobiliar eingerichteten Zimmer strahlen eine warme Atmosphäre aus. Kostenloser Parkplatz im abgeschlossenen Hof.
€ | Via Gezio Calini 30, 25121 Brescia, Zufahrt vom Süden über die Via Crispi, Tel. 030/3773511, www.paolovi.it

Mittelalterlich ursprünglich präsentiert sich das Dorf Canale di Tenno

Lago d'Idro 114

€ | **Albergo al Pescatore** Eine grüne Oase am Rande des Idrosees, 8 komfortable Zimmer mit Balkon und Seeblick, möblierter Park, Rad- und Wanderwege ohne Verkehr direkt vor der Tür, beliebtes Restaurant mit Schwerpunkt Fisch.■ Via dei Quadri V 36, 25070 Ponte Caffaro, Tel. 03 65/99 01 92, http:// alpescatorelagodidro.it

€€ | **Resort Rio Vantone** Sportiver Camping- und Ferienpark mit mehreren komfortabel ausgestatteten Ferienhäusern mit 4 bis 7 Ferienwohnungen, direkt oder in der Nähe des Sees gelegen, ideal für Familien, PKW-Stellplatz am Haus, einige mit Pool; alle Einrichtungen des in der Nähe liegenden Ferienparks, Pool, Spielplatz, Einkaufsmöglichkeiten, Snackbar und Restaurant können mitgenutzt werden. ■ Azur Rio Vantone, Via Vantone, 25074 Idro, Ostufer zwischen Crone und Vesta, Hotline und Reservierung +49/711/ 40 93-510, www.idrosee.eu

Val di Ledro 117

€€ | **Lido Ledro** Gepflegtes Hotel direkt am See: 20 geschmackvoll eingerichtete Zimmer und Suiten, Hallenbad, Garten und Parkplatz. Das eigene Restaurant serviert feine regionale Gerichte. ■ Via Pribram 1, 38067 Ledro/Pieve, Tel. 04 64/59 10 37, www.hotellidoledro.it

Val di Tenno 118

€€ | **Club Hotel Lago di Tenno** Hotel in alpinem Stil, 5 Min. zum See, 50 große Zimmer und Apartments (mit Küche), stimmungsvolles Restaurant, Pool und Kinderbecken, Kinderspielplatz.■ Lago di Tenno 22, 38060 Tenno, Tel. 0464/ 50 20 31, www.clubhoteltenno.com

€€ | **La Piazzetta di Canale** Nur vier hübsche, modern ausgestattete Zimmer in einem der urigen mittelalterlichen Dorfhäuser mitten in Canale. Als B & B zu buchen.■ Via Canale 35, 38060 Tenno, Mobiltel. 36 63 42 13 38, www.lapi azzettadicanale.it

SKYclimber
the outdoor fun specialists

CANYONING
VIA FERRATA
MOUNTAINBIKE

guided tours
& rental

where safety meets fun!

Via Dalco 3, 25010 Tremosine, Loc. Campi
tel: +39 348 1997199 - mail@skyclimber.it

ADAC *Service Gardasee*

Beim **ADAC Infoservice**, in den **ADAC Geschäftsstellen** sowie auf dem **Internetportal des ADAC** (www.adac.de) erhalten Sie Informationen zu den Dienstleistungen des Automobilclubs und zu Ihrem Reiseziel. Als **ADAC Mitglied** können Sie zudem das kostenlose **ADAC TourSet® Gardasee** mit vielen Reiseinfos und Karten anfordern oder die **TourSet App** auf dem **Smartphone** oder **Tablet-PC** installieren (www.adac.de/toursetapp).

Rufen Sie bei Notfällen und Pannen den **ADAC Notruf** bzw. den **ADAC Auslandsnotruf** an. Unser Team steht Ihnen rund um die Uhr zur Verfügung.

ADAC Infoservice

Tel. 0 800/510 11 12
Infos zu allen ADAC Leistungen
(Mo–Sa 8–20 Uhr, gebührenfrei)

ADAC Notruf Deutschland

Tel. 0 180/222 22 22
(24 Std., ca. 6 ct/Anruf, max. 42 ct/Min. aus deutschem Mobilfunknetz)

ADAC Notruf Mobil-Kurzwahl

Tel. 22 22 22
(Gebühren variieren je nach Netzbetreiber)

ADAC Auslandsnotruf

Tel. +49/89/22 22 22
(Gebühren variieren je nach Netzbetreiber und Land)

Internet-Serviceangebote des ADAC für Ihre Reiseplanung

Service	Webadresse
Aktuelle Verkehrslage	www.adac.de/verkehr
ADAC Routenplaner	www.adac.de/maps
Infos zu Tankstellen und Spritpreisen	www.adac.de/tanken
Infos zu mautpflichtigen Strecken	www.adac.de/maut
Infos zu Fährverbindungen	www.adac.de/faehren
ADAC TourMail (Aktuelle Infos vor Anreise)	www.adac.de/tourmail
Informationen für Camper	www.adac.de/camping
Informationen für Motorradfahrer	www.adac.de/motorrad
Informationen für Segler und Skipper	www.adac.de/sportschifffahrt
ADAC Reiseangebote	www.adacreisen.de
ADAC Autovermietung	www.adac.de/autovermietung
ADAC Versicherungen für den Urlaub	www.adac.de/versicherungen
Weltweite Preisvorteile für ADAC Mitglieder	www.adac.de/vorteile-international

Diese **Produkte des ADAC** könnten Sie interessieren: **ADAC Reiseführer Südtirol, ADAC Reiseführer Venedig** und **ADAC Campingführer Südeuropa** – erhältlich im Buchhandel, bei den ADAC Geschäftsstellen und in unserem ADAC Online-Shop (www.adac.de/shop).

Anreise und Einreise

Auto

Die meisten Gardasee-Urlauber kommen mit dem eigenen Wagen an. Von Deutschland aus, etwa ab München, fährt man entweder über Rosenheim und Innsbruck zum Brenner, oder nimmt die Abkürzung über den Zirler Berg, der ganzjährig gut befahrbar ist. Treffpunkt ist Innsbruck, und weiter geht es zum Brenner. Je nach Zielort am See dauert die Anfahrt zwischen vier und sechs Stunden. Allerdings muss man bedenken, dass auch bei freier Fahrt vom Brenner bis Bozen nur **höchstens 110 km/h** gefahren werden dürfen.

Bahn

Von München aus pendeln **EuroCity-Züge** der DB sowie der österreichischen Bahnen ÖBB entlang der Brennerstrecke über Trento und Rovereto nach Verona, schlagen einen »Haken« um den Süden des Gardasees und fahren Richtung Mailand die für den Lago wichtige Station Desenzano im Südwesten an. Den **Sparpreis Europa** (ab 39,90 €) muss man allerdings sehr früh buchen. 4 ½ Stunden dauert die Bahnreise von München nach Rovereto, von Frankfurt 8 ½ Stunden, sowie von Hamburg und Berlin je rund elf Stunden. Direkt ist die Verbindung ab/bis München. Von München aus gibt es täglich fünf Direktverbindungen nach Rovereto sowie an den südlichen Gardasee und nach Verona.

Der **ÖBB-Nightjet** bietet neuerdings auch bequeme Nachtfahrten von München an den Gardasee an, ob im Liege- oder Schlafwagen, das Auto kann mitreisen, auf der Strecke München–Rosenheim–Verona–Gardasee

–Desenzano (und weiter nach Mailand). Die Orte am Gardasee sind alle an das öffentliche Nahverkehrsnetz angebunden, und von den Bahnhöfen Rovereto, Peschiera del Garda, Desenzano und Verona Porta Nuova werden regelmäßige Bustransfers zum Gardasee angeboten.

 www.bahn.de, www.oebb.at, www.sbb.ch, www.atv.verona.it

Bus

Günstig reist man per Fernbus von vielen Städten in Deutschland, Österreich und der Schweiz. Auf Internetportalen wie www.checkmybus.de und www.buslinensuche.de lassen sich alle Anbieter hinsichtlich Preisen und Service vergleichen

Flugzeug

Die am nächsten liegenden Flugplätze sind die von Verona im Südosten und Bergamo im Westen. An beiden Flughäfen sind meist genügend Leihwagen verfügbar, doch sollte man für die Hochsaison rechtzeitig reservieren. Nur wenige Hotels bieten ihren Gästen an, sie am Flughafen abzuholen und wieder hinzufahren.

Dokumente

Für den Urlaub am Gardasee brauchen Reisende aus der EU keine besonderen Dokumente, der **gültige Personalausweis** genügt, allerdings auch für die mitreisenden Kinder.

Auto und Straßenverkehr

Das ebenso wie das österreichische mautpflichtige italienische Autobahnnetz ist gut ausgebaut, die Brennerautobahn, die vom Brenner über Bozen parallel zur Bahnstrecke bis nach Verona (und weiter nach Süden in die Tos-kana) führt, ist zu Ferienzeiten und an sog. Brückentagen ziemlich gut ausge-lastet bzw. ganz schön dicht befahren. Ausweichen auf die ebenfalls parallel verlaufende Brennerstraße SS12 lohnt sich meistens nicht, die ist dann ge-nauso überlastet.

Maut

Autobahngebühren werden in Öster-reich mit der **Vignette** beglichen, die es für zehn Tage, für zwei Monate oder ein ganzes Jahr gibt (gilt von Anfang Dezember bis Ende Januar des über-nächsten Jahres, also bis zu 14 Monate); die Jahresgebühr für die Europabrücke gilt allerdings nur für genau 12 Monate vom Kaufdatum, man bekommt sie bei der Vorlage der Autobahnvignette zum ermäßigten Preis. Beides neuer-dings übrigens auch als digitale Vig-nette online buchbar über den Web-shop der Asfinag www.asfinag.at.

Autobahnvignette Österreich

(2018 für Pkw und alle zweispurigen Fahr-zeuge bis 3,5 t)

10-Tages-Vignette	9 €
2-Monats-Vignette	26,20 €
Jahresvignette	87,30 €

Europabrücke (Brennerautobahn)

Einzelfahrt	9,50 €
Jahreskarte	103,50 €
bei Vorlage der Auto-bahnvignette ermäßigt	63,50 €

Autobahnkosten in Italien entstehen je nach gefahrener Streckenlänge. Um das lästige Suchen von Kleingeld, vor allem aber um bei Stau die speziellen Ausfahrten benutzen zu können, lohnt

sich eine **Viacard** oder **Telepass** (mit Gerät).

■ www.tolltickets.com

Verkehrsvorschriften

Auf der Anreisestrecke ist zu beachten, dass in Österreich wie danach in Italien auch bei Tag außerhalb der Ortschaf-ten mit **Standlicht** gefahren werden muss. Ganz wichtig (speziell in Deutschland und Österreich): Notgas-se freihalten. Die **Promillegrenze** be-trägt 0,5, für Fahranfänger (Führer-schein unter 3 Jahre alt) 0,0. Das **Telefonieren** während der Fahrt ist nur mit Freisprechanlage erlaubt.

Tempolimits in Italien

In Italien gelten folgende Tempolimits: innerstädtisch höchstens 50 km/h, in verkehrsberuhigten Zonen, falls man überhaupt hineinfahren darf, 30 km/h. Auf vierspurigen Schnellstraßen sind höchstens 90 km/h erlaubt, auf Auto-bahnen bis zu 130 km/h. Auf der Stre-cke Brenner–Bozen jedoch darf man höchstens 110 km/h schnell fahren, und zwar das ganze Jahr über.

Straße	Tempolimit
Autobahn	max. 130 km/h
Landstraße	max. 90 km/h
Ortschaft	max. 50 km/h

Tanken

Benzin ist in Österreich oftmals günsti-ger als in Deutschland, aber nur auf Nebenstrecken bzw. abseits der Auto-bahnen. In Italien sind die Benzinprei-se höher, vor allem Diesel (ca. 1,45 € pro Liter) ist deutlich teurer. Also möglichst schon mal mit vollem Tank anreisen. Eine Übersicht der Benzinpreise im Ausland findet sich auf www.adac.de.

Parken

Parksünden und andere Verkehrsvergehen werden in Italien sehr streng geahndet, d.h. mit ziemlich hohen **Geldbußen**. Die örtlichen Ordnungshüter, die Straßenpolizei und die Carabinieri kennen kein Pardon. Bei Übertretung sind die Gebühren saftig! Wer nicht gleich zahlt, bekommt den Strafzettel, gerne mit einer noch höheren Gebühr, nach Hause geschickt, und sollte termingerecht zahlen.

Die meisten Orte rund um den Gardasee sind in ihrem historischen Zentrum entweder total den Fußgängern vorbehalten, oder die knappen Parkplätze sind für die Inhaber von Sondergenehmigungen reserviert. An gelben Strichen erkennt man Sonderparkplätze für Lieferanten o.Ä., Behindertenparkplätze sind ausschließlich Menschen mit Behinderung vorbehalten.

Öffentliche Parkplätze erlauben oft nur **kurze Parkzeiten** von 30 Minuten bis zwei Stunden, und man sollte genügend **Kleingeld** für die Parkautomaten haben. **Parkgebühren** liegen bei 1–2€ pro Stunde, großzügige Gemeinden bieten eine Ermäßigung, wenn man das Ticket für den ganzen Tag löst. Über Nacht kostet das Parken oftmals nichts (ab 20 oder 24 bis 7 oder 8 Uhr des Folgetages). In diesem Band werden bei den beschriebenen Ortschaften die besten Parkmöglichkeiten genannt.

Immer mehr **Parkhäuser und Tiefgaragen** entstehen vor allem am steilen Westufer bis in den Norden des Sees an Stellen, die man nicht für möglich gehalten hätte: in den Berg hineingehauen wie in Salò, Limone sul Garda und auch Riva del Garda. Für Hotelgäste ist das Parken dort relativ günstig. Während der Saison ist das umso wichtiger, als keiner der Seeorte über genügend Parkplätze verfügt.

Besondere Vorsicht ist in den Städten angesagt, denn dort sind die historischen Zentren durchgehend als **Zona Trafico Limitato** ausgewiesen, also teilweise für den Autoverkehr gesperrt: Wer hinein fährt, wenn die Ampel den sogenannten »varco« als aktiv bezeichnet, ist in eine hohe Zahlfalle getappt. Hotelgäste, die vorgebucht haben, müssen normalerweise das Kennzeichen ihres Wagens anmelden, und es wird dann vom Hotel der Polizei gemeldet bzw. autorisiert – für die Einfahrt und die Ausfahrt.

Barrierefreies Reisen

In Italien und speziell am Gardasee wird geradezu mustergültig darauf geachtet, dass neue Hotels u.a. Einrichtungen für den Fremdenverkehr sowie solche, die umgebaut werden, über genügend barrierefreie Zimmer verfügen. Zum Programm gehören außerdem abgesenkte Bürgersteige, behindertengerechte Toiletten in Bars und Restaurants sowie Aufzüge oder Treppenlifte, die Museen für alle Besucher zugänglich machen. Spezielle Hotels, die besonders gut für Menschen mit Behinderung eingerichtet sind, findet man u.a. unter www.garda-see.com/unterkuenfte/barrierefrei.

Diplomatische Vertretungen

Am und um den Gardasee direkt befinden sich keine deutschen konsularischen Vertretungen, nächste Anlaufstelle wäre das Generalkonsulat der Bundesrepublik Deutschland in Mailand. Das Generalkonsulat bietet hauptsächlich Hilfe zur Selbsthilfe. Hier erhalten deutsche Reisende im Bedarfsfall telefonische Auskunft Mo–Do 8–17, Fr 8–14 Uhr; Öffnungszeiten Mo–Fr 8.30–11.30, Di auch 14.00–16.00 Uhr.

Deutsches Generalkonsulat
■ Via Solferino 40, 20121 Mailand, Tel. 02/623 11 01, Notfall-Hotline: Mobiltel. 33 57 90 41 70 (deutsch) und 34 87 62 57 86 (italienisch), info@mailand.diplo.de.

Österreichisches Generalkonsulat
■ Piazza del Liberty 8/4, Mailand, Tel. 02/778 07 80, www.bmeia.gv.at

Schweizer Generalkonsulat
■ Via Palestro 2, Mailand, Tel. 02/777 91 61, www.eda.admin.ch

 Feiertage

1. Januar (Capodanno, Neujahr), 6. Januar (Epifania, Dreikönigsfest, an dem traditionell die Kinder beschenkt werden – nicht Heiligabend), März/April (Pasqua, Ostern, und Pasquetta, Ostermontag), 25. April (Liberazione, Tag der Befreiung von der deutschen Besetzung), 1. Mai (Festa del lavoro, Tag der Arbeit), 2. Juni (Festa della Repubblica, Tag der Republik), 15. August (Ferragosto, Mariä Himmelfahrt), 1. November (Ognissanti, Allerheiligen), 8. Dezember (Immacolata concezione, Mariä Empfängnis), 25. Dezember (Natale, Weihnachten), 26. Dezember (Santo Stefano, heiliger Stephan), 31. Dezember (San Silvestro, Silvester)

 Geld und Währung

Eurocard und gängige Kreditkarten werden in Banken, Hotels, Restaurants und vielen Geschäften akzeptiert. Zum Geldabheben stehen zahlreiche Geldautomaten zur Verfügung. Handys und Kreditkarten sperren kann man unter der zentralen Tel./Fax-Nr. +49/116 116.

Kosten im Urlaub
(durchschnittliches Preisniveau)

Tasse Kaffee	1–2 €
Softdrink (Limonade)	3 €
Glas Bier (0,4 Liter)	3,50 €
Glas Wein (0,2 Liter)	2–4 €
Hauptgericht (Restaurant)	12–16 €
Eintritt staatl. Museum	5–10 €
Mietwagen/Tag	45–60 €

 Gesundheit

Die Adressen deutschsprachiger Ärzte erhält man problemlos im Hotel bzw. auf der touristischen Infostelle. Sozialversicherungspflichtige können gegen Vorlage der Europäischen Krankenversicherungskarte EHIC behandelt werden. Privatversicherte und Reisende, die eine Auslandskrankenversicherung abgeschlossen haben, können zum Arzt ihrer Wahl gehen, vor Ort zahlen und die Rechnung später ihrer Versicherung vorlegen.

Rund um den Gardasee gibt es während der Saison spezielle Krankenstationen für Touristen: **Servizio medico per turisti**, wo man eine kostenlose Erstbehandlung erhält. Sonst behandeln die Krankenhäuser auch Touristen auf ihrem **Pronto Soccorso**, der Ersten Hilfestation.

Die italienischen Apotheken (farmacia, Pl. farmacie) sind sehr gut ausgestattet, sie vertreiben alle üblichen Arzneimittel zu normalen Preisen.

Festivals und Events

April

Surf-Festival (Anfang April, www.circolosurftorbole.com) Saisonauftakt in Torbole des bis Mitte September reichenden Eventkalenders der Windsurfer.

Bike Festival Garda Trentino (Ende April, https://riva.bike-festival.de) Viertägiges, internationales Bike-Treffen und Fahrrad-Expo in Riva del Garda mit rund 3000 aktiven Sportlern, 40000 Besuchern und meist mehr als 150 Ausstellern.

Mai

Mille Miglia (Mitte Mai, www.1000miglia.it) Seit 1927 ausgetragenes viertägiges Rennen von Oldtimern von Brescia nach Rom und zurück mit jährlich leicht modifizierten Routen und großem Spektakel bei der Preisverleihung in Brescia. Da bleibt kein Hotelbett im weiten Umkreis frei!

Juni

Arena Festival Die wohl berühmtesten Opernabende in der römischen Arena von Verona (www.arena.it). Bus-Shuttle nach Verona von mehreren Gardaseeorten aus.

Palio delle Bisse (zweite Juniwoche, www.legabissedelgarda.org) Start in Lazise einer bis Mitte August andauernden Serie von traditionellen Ruderregatten in historisch nachempfundenen Booten, an denen zehn Seeorte teilnehmen.

Juli / August

Garda Jazz Festival (Mitte Juli bis Mitte August, www.gardajazz.com) Konzertreihe in Trentiner Seeorten, wo auf Plätzen, in besonderen Lokalen und Cafès aufgespielt wird.

Festival del Vittoriale (Juli und August, www.anfiteatrodelvittoriale.it) Höhepunkt des Konzertsommers im Amphitheater del Vittoriale in Gardone (Oberstadt) mit Auftritten internationaler Rock-, Pop- und Klassikmusiker.

Rockmasterfestival (Ende August, www.rockmasterfestival.com) Zusammenkunft von Kletterern aus aller Welt an den Steilwänden Arcos.

Notte di Fabia (Ende August, www.nottedifabia.it) Viertägiges Märchenfestival für Familien in Riva del Garda, bei dem die schönsten Märchen und Erzählungen der Welt fantasievoll in italienischer Sprache in Szene gesetzt werden.

September

Centomiglia (2. Wochenende im Sep., www.centomiglia.it) Start der wichtigsten internationalen Segelregatta in einem europäischen Binnensee in Gargnanos Ortsteil Bogliaco.

Haustiere

Immer mehr Hotels nehmen gerne Hunde und Katzen an, wenn diese gut erzogen sind, stellen dafür sogar spezielle Zimmer (mit glatten Böden etwa) bereit. Ins Hotelrestaurant dürfen die Vierbeiner allerdings meist nicht, dafür aber in immer mehr Restaurants, speziell im Freien. Auch Strandbereiche für Hunde sind immer mehr zu finden, man sollte sich vor der Buchung vor Ort genau erkundigen. Es besteht Impfpflicht, nachgewiesen durch Chip.

 Information

Jeder Seeort verfügt über eigene Informationsstellen für Touristen, die jedoch oftmals nur zur Saison geöffnet sind. Dafür gibt es aber gute bis sehr gute Webseiten, auch überregionale, mit Buchungsmöglichkeit, italienisch oder mehrsprachig. Beispielsweise:

- www.lagodigarda.it (gesamter See)
- www.gardasee.de (Onlinereisemagazin mit Hotelanzeigen)
- www.gardatrentino.de (für den nördlichen Seebereich)
- www.turismobrescia.it (speziell für Brescia)
- www.zitronenriviera.de (für die Zitronenriviera von Limone sul Garda bis Salò)
- www.gardavaltenesi.com (speziell für die Valténesi)
- www.collinemoreniche.it (für die Hügelorte im Süden)
- www.tourism.verona.it/de/die-provinz/gardasee/ (für das Veroneser Ufer)
- www.valpolicellaweb.it (für das Valpolicella, mit Weintouren)

Adressen der Infostellen finden sich bei den einzelnen Ortsbeschreibungen.

 Klima und beste Reisezeit

Der Gardasee, vom Norden durch die alpine Bergkette geschützt und vom Süden von warmen Winden verwöhnt, ist ein Schönwetter-Reisegebiet mit höheren Temperaturen als nördlich der Alpen. Kenner schätzen vor allem die milden Jahreszeiten Frühjahr (Zitronenblüte, prächtige Wiesen) und Herbst (Weinlese und Weinfeste) sowie den Winter (Olivenernte), der zwar recht kühl ausfallen kann, jedoch die schönsten Sonnenuntergänge beschert und immer wieder unglaublich sonnige Tage.

Für die Hochsaison Juli/August muss man lange im Voraus buchen und sich mit höheren Preisen abfinden, weil auch Italiener den Lago di Garda lieben. An Ferragosto rund um den 15. August geht nichts mehr, kein freies Zimmer, kein freier Tisch in den Restaurants, lange Staus.

Klimatabelle Gardasee

Monat	Luft (°C) (min./max.)	Sonne (h/Tag)	Regentage	Wasser (°C)
Jan.	1/5	3	5	8
Feb.	1/7	4	5	6
März	4/12	5	7	8
April	9/17	6	9	10
Mai	13/20	7	11	13
Juni	17/24	7	10	18
Juli	19/27	8	8	20
Aug.	18/26	7	8	21
Sept.	15/21	6	7	19
Okt.	10/16	5	8	16
Nov.	11/5	3	8	12
Dez.	2/6	3	8	9

Nachtleben

Ausgehtipps finden sich in diesem Band bei den einzelnen Ortsbeschreibungen. Ausgeprägt ist die Aperitif-Szene für den späten Vormittag und den frühen Abend vor dem Essen. Nachtclubs gibt es eher im Süden des Sees mit Desenzano (am Lungolago) sowie Brescia (Piazza Arnaldo). Auch der Osten hat seine Szene in Bardolino und vor allem in Verona und Umgebung. Mit Weinlokalen und Pubs, oft auch für Biertrinker, ist der Norden (Riva del Garda, Arco und Tórbole) gesegnet.

Notfall

Bei einem Unfall oder einem medizinischen Notfall findet man Hilfe unter folgenden **Notrufnummern**:
Europäische Nortrufnummer: 112
Erste Hilfe/Notarzt: 118
Rettungswagen: 113
Feuerwehr und Carabinieri: 115
ADAC Notruf Deutschland: 0180/222 22 22
ADAC Auslandsnotruf: +49/89/22 22 22
Seenotruf: 15 30

Öffnungszeiten

Museen: s. Ortsbeschreibungen; normalerweise Mo geschlossen und im Winter kürzere Öffnungszeiten.
Geschäfte: Achtung in den Städten, wo oft einen halben Wochentag fast alles geschlossen bleibt (außer Lebensmittelgeschäften), wie etwa montags vormittags in Brescia. Sonst sind die Kernzeiten Mo–Sa ca. 9/10–12.30/13 und 15/16–19/20 Uhr. In den touristischen Orten bleiben die Läden im Sommer durchgehend und oft auch feiertags bis spätabends geöffnet.

Banken: Mo–Fr ca. 8.30–13.20 und 14.45–15.45 Uhr.
Postämter: Mo–Fr 8.15–14, Sa bis 12 Uhr, Hauptpostämter teilweise ganztags.

Post

Briefkästen sind in Italien grundsätzlich rot, Briefmarken erhält man beim Kauf der Postkarten, im Hotel oder auf dem Postamt. Der Versand einer Postkarte nach Deutschland kostet 1 €.

Rauchen und Alkohol

Italiener haben sich erstaunlich schnell an das Rauchverbot in Hotels und Restaurants gewöhnt, dafür findet man vielerorts ganz schön eingeengte Straßen und Gassen, weil die Lokale ihre Rauchertische nach draußen versetzen mussten. Auch auf Ämtern, in der Nähe von Kinderspielplätzen, Schulen u.ä. darf nicht geraucht werden. Alkohol hingegen ist kein Problem, solange ein Lokal geöffnet hat, kann dort Alkohol ausgeschenkt werden.

Sicherheit

Der Gardasee ist ein sicheres Reiseziel, doch kommt es zur Hochsaison immer wieder zu Autoaufbrüchen und auf besonders gut besuchten Märkten zu Taschendiebstählen.

Souvenirs

Bei den einzelnen Orten werden besondere Souvenirs genannt, doch generell ist der Gardasee eine Fundgrube für kulinarische Mitbringsel wie Olivenöl, Zitronenprodukte (Limoncello), Käse (Formagella di Tremosine, auch aus Gargnano), Fleisch- und Wurstwaren (Carne salada) und Wein, der rings um den See angebaut wird – im Valpolicella und der Lugana, Colline Moreniche, in der Valténesi, am Lago di Toblino (S. 31).

Sport

Golf

Golfer finden sehr unterschiedliche Plätze am See und Umgebung. Der älteste ist der von Bogliaco, der exklusivste liegt in der hinteren Valténesi beim Luxusresort von Arzaga. Insgesamt gibt es hier vier 27-Loch-Anlagen, sechs 18-Loch-Plätze und einen 9-Loch-Platz. Manche Hotels bieten Golfpauschalen an. Übersicht mit Karte und Links zu den Golfplätzen.

■ www.golfplatz-gardasee.de

Klettern

Climber finden in Arco den Ort internationaler Wettbewerbe dank der steilen, glatten Wände, der vielen Steige und entsprechender Infrastruktur für Schlechtwetter im riesigen Kletterstadion. Highlight des Jahres ist das Rockmaster im August (S. 129).

Paragliding und Parasailing

Als hoher Startpunkt für Paragliding ist der Monte Baldo im Osten ideal, den man mit der Seilbahn erreicht. Aber auch im Westen oberhalb von Toscolano-Maderno kann man vom Monte Pizzocolo starten, wenn man vom See aus mit dem Jeep eines Anbieters hochgefahren wird (S. 25 und 87).
Einfacher haben es **Parasailer**, die mit dem Fallschirm von einem Motorboot aufs Wasser hinaus und so automatisch in die Lüfte gezogen werden. Das ist überall möglich, wo motorisierte Boote fahren dürfen, speziell in Bardo-

lino und Lazise, wo man auch Wasserski fahren kann S. 29 und 32).

Radfahren

Radfahrer freuen sich schon auf das Jahr 2021. Dann wird die am Ende 140 km lange Piste rings um den See, die teilweise spektakulär an steilen Felsen angehängt wird, voll fertig gestellt sein. Teilabschnitte sind bereits befahrbar. Schon heute gilt das Gebiet jedoch als Dorado, vor allem für **Mountainbiker**: ob am Monte Baldo oder im Norden, Stichwort Abfahrt Tremalzo – Strada del Ponale – Riva del Garda. In den südlichen Colline Moreniche sind zahlreiche Radwege entlang wenig befahrener Straßen ausgeschildert, ebenso im Valpolicella im Osten.

Reiten

Die Federazione Italiana Sport Equestri (www.fise.it) listet alle Teilnehmer auf, die nach den strengen Regeln des italienischen Reitervereins arbeiten. Doch gibt es auch nette Reiterpensionen wie die alteingesessene Scuderia Castello über Toscolano-Maderno.

Tennis

Tennisspieler buchen natürlich möglichst Hotels mit eigenen Plätzen wie im Hotel **Le Balze** in traumhafter Panoramalage auf der Hochebene von Tremosine mit allein 13 Plätzen (S. 82). Schräg gegenüber breitet sich über dem Städtchen Garda das sportliche **Resort Poiano** aus, u.a. mit sechs Tennisplätzen, vier davon mit Flutlicht.

Wandern

Es gibt zahlreiche ausgeschilderte Wanderwege, speziell am Monte Baldo im Osten und im Parco Garda Alto Bresciano im Westen sowie in den

Trentiner Bergen im Norden. Die örtlichen Informationsbüros halten Wanderkarten bereit (teilweise gegen Gebühr), und manche bieten während der Saison sogar kostenlose Touren an. **Nordic Walking** gehört ebenfalls zum Programm auf beiden Hochebenen, die kurze Rundstrecken ausgebaut bzw. ausgeschildert haben. Eine Besonderheit in Tremosine ist **CULT-Walking:** die Verbindung von Nordic Walking mit den Vorzügen der Umgebung, landschaftlich wie kulturell (S. 83).

Tignale-Gäste können von Juni bis Anfang September jeden Dienstag (wenn es nicht regnet) an geführten Nordic-Walking-Touren teilnehmen, kostenlos allerdings nur mit der Gästekarte, sonst kostet es 3 € pro Person. Informationen unter www.tignale.org.

Wassersport

Vor allem für **Surfer** und **Kiter** gilt der Norden des Lago als Sehnsuchtsort, mit Winden, nach denen man die Uhr stellen könnte. Das geht von Tórbole und Riva del Garda bis Campione und sogar Gargnano, wo wegen der nachlassenden Winde gerne Kinderkurse angeboten werden. Jedoch ist im nördlichsten Abschnitt des Gardasees das Kitesurfen nur sehr eingeschränkt und in einem kleinen Bereich erlaubt: nur während der Wintermonate (Mitte Oktober bis Ende Februar) und während der Sommermonate erst ab den Abendstunden. Informationen unter www.gardasee.de/kitesurfen.

Segeln kann man auf dem ganzen See, wer ein eigenes Boot mitbringen will, sollte sich jedoch rechtzeitig um einen Liegeplatz kümmern. Sonst kann man praktisch überall Boote leihen.

SUP, Stand-up-Paddeln, erobert auch am Gardasee die ruhigen Uferzonen.

Motorbootfahrer müssen sich an die strengen Regeln am See halten, was Abstand zum Ufer und Geschwindigkeit angeht. Außerdem ist der schmale Norden im Gegensatz zum breiten südlichen Teil des Gardasees für Motorboote ganz tabu.

Wichtig zu wissen: Deutsch beflaggte Boote dürfen grundsätzlich nach deutschem Recht nur bis 15 PS ohne Bootsführerschein gelenkt werden, italienisch beflaggte Boote werden mit bis zu 40,8 PS auch ohne Bootsführerschein vermietet. Eine Übersicht der Motorbootverleiher gibt es unter www.gardasee.de/motorboot.

Stadtführungen

Die Orte rund um den See lassen sich bestens auf eigene Faust erkunden. Für die größeren Städte im Umland gibt es offizielle Führungen. Informationen und Buchung für

Trento: Piazza Dante 24, 10/15 Uhr, Tel. 0461/216000, www.discovertrento.it
Verona: diverse Stadtgänge, u.a. eine halbtägige Tour, www.veronaguide.it
Rovereto: Stadtrundgänge, auch thematische wie zu den schönsten Weihnachtsmärkten, www.visitrovereto.it
Brescia: Mehrere Stadtführungen, u.a. jeden Samstag ab 10 Uhr am Infopoint Centro in der Via Trieste/Ecke Piazza Paolo VI, Tel. 030/2400357, www.turismobrescia.it, 7,50, erm. 5,50 €

Telefon und Internet

Kein Problem gibt es normalerweise mit Internetzugang/W-LAN in den Hotels sowie auf den Campingplätzen, immer mehr Orte am See locken auch mit freiem Internetzugang in öffentlichen Bereichen. Handynutzer mit

LTE-Vertrag sind auf der sicheren Seite, es sei denn in den ganz abgelegenen Bergregionen rings um den See.

Eine Besonderheit sind die Vorwahlen: Sie gehören inzwischen in Italien zur Festnetznummer, man muss sie also inklusive der Null immer mitwählen, auch im selben Ort. Dafür wählt man Handynummern ohne Null.

Für das Telefonieren in Italien mit dem deutschen Handy muss man +39 vorsetzen. Vorwahl Deutschland +49 und die Ortsvorwahl ohne die Null. Hohe Kosten braucht man nach den neuen Roamingbestimmungen der EU nicht mehr zu befürchten, man telefoniert in Italien wie zu Hause, aber mit dem Zusatz der Ländervorwahl (s.o.).

Trinkgeld

Wie üblich geben auch Italiener, wenn sie zufrieden sind, im Restaurant rund 10 % Trinkgeld, in Cafès/Bars rundet man den Preis etwas auf, ebenso wie beim Taxifahren. Auch das Hotelpersonal freut sich über einen Obolus, an der Rezeption bei einem längeren Aufenthalt je Woche und Person ab 10 € je nach Hotelkategorie, ebenso viel für das Zimmermädchen und das Restaurantpersonal. Das Gepäck wird nur noch selten aufs Zimmer gebracht, sonst sollten 2 € reichen.

Unterkunft und Hotels

Am und um den Gardasee findet man **Hotels** aller Kategorien, von Luxus bis zu einfacheren Pensionen, die dennoch meist ihren Reiz haben. Während der Hochsaison kann man in den Hotels oftmals nur Halbpension oder gar Vollpension buchen, was die Italiener selber gerne annehmen, wenn sie sich einer guten Küche sicher sind. Eine Besonderheit am Lago sind **Residences**, also Ferienanlagen mit Apartments, für die es jedoch Hotelservice, Restaurant etc. gibt. Doch gibt es **Ferienwohnungen** auch mit familiärem Ambiente, s. örtliche Infostellen.

Übernachtung mit Frühstück findet man immer mehr auch in kleineren Einheiten und in privaten Häusern.

Campingplätze liegen im Süden zwischen Peschiera und Desenzano, im Westen nördlich von Desenzano, in der Valténesi, in Toscolano-Maderno und auf der Ostseite zwischen Garda und Lazise. Sie haben ein großes Sportangebot, vor allem diejenigen mit direktem Seezugang.

Jugendherbergen werden immer komfortabler, bieten sie doch inzwischen teilweise auch Doppel- und Familienzimmer an wie etwa in Rovereto und Verona. In Riva ist die sehr zentral gelegene Jugendherberge noch immer mit Mehrbettzimmern ausgestattet und ein wahrer Jugendtreff.

 www.ostellidellagioventu.com

Verkehrsmittel in der Region

Die (zweispurigen) Hauptverkehrsstraßen rund um den See, wegen der steilen Ufer im Westen vielfach durch eine lange Reihe von Tunnels erschlossen, sind während der Saison, an langen Wochenenden u.Ä. meist überlastet. Folglich muss man mit langen und oft nervenaufreibenden Fahrzeiten rechnen. Während des Urlaubs am See empfiehlt es sich daher unbedingt, die Gardaseeschiffe einzuplanen. Besonders bequem sind die **Autofähren** zwischen Torri del Benaco im Osten und Maderno im Westen (ganzjährig) sowie zwischen Limone sul Garda im

Westen und Malcesine im Osten sowie die Fähre zwischen Riva del Garda im Norden und Desenzano im Süden.

Fahrräder kann man an vielen Orten auch spontan leihen, manche Hotels und Ferienhausbesitzer überlassen ihren Gästen kostenlos Fahrräder.

Bahn

Lediglich Peschiera del Garda und Desenzano del Garda sind ans Bahnnetz angeschlossen. Von dort bestehen Zugverbindungen nach Trento, Brescia und Verona.

Bus

Linienbusse verkehren hauptsächlich dann, wenn es die arbeitende Bevölkerung und die Schüler benötigen, also frühmorgens, mittags und nachmittags. In die entlegenen Dörfer kommt man also etwa am Wochenende und an Feiertagen kaum. Dafür sind die Verbindungen in die größeren Ortschaften und zu den nahen Städten recht gut: entlang der Westseite zwischen Riva del Garda, Limone sul Garda und Gargnano, von da meist mit Umsteigen bis Salò und weiter nach Brescia. Andere Busse fahren bis Desenzano zur Bahnstation auf der IC-Strecke Verona–Brescia bzw. Mailand (s. Anreise). Das Veroneser Ufer ist, im Sommer zeitweise auch mit Bike-Transport, mit Verona verbunden.

Zur Opernsaison in der Arena von Verona verkehren spezielle Shuttles sowohl vom West- als auch vom Ostufer in die Stadt Romeos und Julias.

Mietwagen

In Städten und größeren Orten sind internationale Autovermieter vertreten. Für Mitglieder bietet die ADAC Autovermietung günstige Konditio-

nen an. Buchungen über www.adac.de/autovermietung, die ADAC Geschäftsstellen oder unter Tel. 089/76 76 20 99.

Schiff

Auch ohne Wagen kommt man mit den Booten der **Navigarda** (www.navlaghi.it) gut von einem Seeort zum anderen, allerdings nur während der Saison von Ostern bis September/Anfang Oktober (Ausnahme: die ganzjährige Fähre zwischen Maderno und Torri del Benaco).

Taxi

Eher mit Seltenheitswert in den Orten rund um den See, die aber gut zu Fuß zu erkunden sind. Im Bedarfsfall muss man sich ein Taxi vom Hotel organisieren lassen. In den beschriebenen Städten findet man Taxistände normalerweise am Bahnhof bzw. an den Flughäfen. Sie sind preiswerter als nördlich der Alpen, man sollte aber bei längeren Touren vorher den Preis besprechen, sonst wird nach dem Taxameter abgerechnet.

Zollbestimmungen

Innerhalb der **EU** sind Waren für den persönlichen Bedarf abgabenfrei, als Richtmengen gelten: 800 Zigaretten, 400 Zigarillos, 200 Zigarren, 1 kg Tabak, 10 kg Kaffee, 110 l Bier, 60 l Schaumwein, 20 l Alkoholika bis 22 % Vol. und 10 l über 22 % Vol. Näheres unter www.zoll.de und www.bmfgv.at/zoll. Bei Einreise in die **Schweiz** sind Waren im Gesamtwert von 300 CHF zollfrei. Dabei gelten folgende Freimengen: 250 Zigaretten oder Zigarren oder 250 g Tabak, 5 l Alkoholika bis 18 % Vol. und 1 l über 22 % Vol. (www.ezv.admin.ch).

Die Geschichte des Gardasees

2000 v. Chr. Felsritzungen am Monte Baldo und Pfahlbautenfunde bei Malcesine und Pai, am Ledro- und Tennosee zeugen von prähistorischer Besiedlung.

6. Jh. v. Chr. Besiedelung durch Kelten, Gründung von Verona und Brescia.

89 v. Chr. Verona wird römische Kolonie.

4. J. n. Chr. Ausbreitung des Christentums am Gardasee und Umgebung.

395–568 Teilung des Römischen Reiches in Ost- und Westrom, Norditalien gehört zu Westrom, Verona wird Sitz der Langobardenkönige.

773–781 Karl der Große erobert das Langobardenreich und setzt seinen Sohn Pippin als König ein.

Napoleon III. in der Schlacht von Solferino, die zur Einigung Italiens führte

1154–83 Kaiser Friedrich Barbarossa zieht gegen die lombardischen Städte.

1168–1183 Zusammenschluss der oberitalienischen Städte zur Lega Lombarda, die zum Frieden von Konstanz mit weitgehender Selbstverwaltung der Städte führt.

1227–1521 Blutige Auseinandersetzungen zwischen Guelfen und Ghibellinen in Verona, Machtübernahme durch die Skaliger 1259; 1428 erobert Venedig auch Brescia und Riva geht an das Fürstbistum Trento.

1796–1815 Napoleon erobert Venetien und die Lombardei und gründet das Königreich Italien. Nach seinem Sturz geht das Gebiet an Österreich.

1826 Giuseppe Zanardelli, späterer Justiz- und Innenminister und Mitkämpfer Garibaldis für die Einigung Italiens, kommt in Brescia zur Welt.

1848–70 Das Risorgimento, die Einigungsbewegung, führt zu den blutigen Schlachten von San Martino/Solferino (1859) und Custoza (1866).

1861–1870 Vittorio Emanuele II von Sardinien wird König Italiens, 1866 kommen Lombardei und Veneto hinzu, Riva bleibt bei Österreich. Rom wird

1870 Hauptstadt des geeinten Italien.

1918–1919 Italien und Österreich bekämpfen sich im Ersten Weltkrieg, Österreich muss Trient und den Norden des Gardasees an Italien abtreten.

1943–45 Benito Mussolini gründet unter dem Schutz Hitlers die sozialistische Republik von Salò, seinen Wohnsitz schlägt er in Gargnano auf; nach dem Vorrücken der Alliierten flieht er in die Schweiz und wird von kommunistischen Partisanen erschossen.

1946 Italien ruft die Republik aus.

1948 Südtirol und Trentino werden autonome Provinzen.

1970 Italien wird in 20 Regionen aufgeteilt, am Gardasee blüht der Tourismus.

2000 Verona wird UNESCO-Weltkulturerbe.

2002 Eröffnung des MART in Rovereto.

2011 Brescia wird UNESCO-Weltkulturerbe.

2013 Eröffnung der Metropolitana in Brescia.

2018 In Brescia wird die Pinakothek im Palazzo Martinengo wieder eröffnet.

Italienisch für die Reise

Das Wichtigste in Kürze

Ja/Nein	*Si/No*
Bitte/Danke	*Per favore/Grazie*
Hallo!/Auf Wiedersehen!	*Ciao!/Arrivederci!*
Guten Morgen!/ Guten Tag!	*Buon giorno!*
Guten Abend!	*Buona sera!*
Gute Nacht!	*Buona notte!*
Mein Name ist ...	*Mi chiamo ...*
Entschuldigung!	*Scusi!*
Achtung!/Vorsicht!	*Attenzione!*
Ich verstehe Sie nicht.	*Non La capisco.*
Wie viel kostet ...?	*Quanto costa ...?*
Damen/Herren	*donne/uomini*
geöffnet/geschlossen	*aperto/chiuso*
gestern/heute/ morgen	*ieri/oggi/ domani*
Wie viel Uhr ist es?	*Che ore sono?/ Che ora è?*
Wo ist ...?	*Dov'è ...?*
Wie weit ist ...?	*A che distanza si trova ...?*
Ist das der Weg nach ...?	*È questa la strada per ...?*
Nord/Süd/West/Ost	*nord/sud/ovest/est*
Ich möchte ...	*Vorrei ...*
Die Rechnung, bitte!	*Il conto, per favore!*
Restaurant	*ristorante*
Auto	*macchina*
Tankstelle	*stazione di servizio*
Benzin (bleifrei)/ Super/	*benzina (senza piombo)/super/*
Diesel	*Diesel (gasolio)*
Panne	*guasto*
Hilfe!	*Aiuto!*
Fahrrad	*bicicletta*
Hauptbahnhof	*stazione centrale*
Busbahnhof	*stazione autolinee*
Flughafen	*aeroporto*
Ausweis	*documento*
Bank/Geldautomat	*banca/bancomat*
Arzt	*medico*
Apotheke	*farmacia*
Lebensmittelgeschäft	*negozio di alimentari*
Tourismusbüro	*ufficio per il turismo*

Wochentage

Montag/Dienstag	*lunedì/martedì*
Mittwoch/Donnerstag	*mercoledì/giovedì*
Freitag/Samstag	*venerdì/sabato*
Sonntag	*domenica*

Monate

Januar/Februar	*gennaio/febbraio*
März/April	*marzo/aprile*
Mai/Juni	*maggio/giugno*
Juli/August	*luglio/agosto*
September/Oktober	*settembre/ottobre*

Zahlen

1	*uno*	8	*otto*
2	*due*	9	*nove*
3	*tre*	10	*dieci*
4	*quatro*	11	*undici*
5	*cinque*	12	*dodici*
6	*sei*	100	*cento*
7	*sette*	1000	*mille*

Hinweise zur Aussprache

c,-cc	vor ›e‹ und ›i‹ wie ›tsch‹, Bsp.: ciao; sonst wie ›k‹, Bsp.: come
ch,-cch	wie ›k‹, Bsp.: che, chilo
g,-gg	vor ›e‹ und ›i‹ wie ›dsch‹, Bsp.: gente; sonst wie ›g‹, Bsp.: gola
gli	wie ›Lilie‹, Bsp.: figlio
gn	wie ›Cognac‹, Bsp.: bagno
sc	vor ›e‹ und ›i‹ wie ›sch‹, Bsp.: sciopero; sonst wie ›sk‹, Bsp.: scala
sch	wie ›sk‹, Bsp.: Ischia
sci	vor ›a,o,u‹ wie ›sch‹, Bsp.: lasciare
z	wie ›ds‹, Bsp.: zuppa

Alle Blickpunkt-Themen in diesem Band:

Register

Register

Bildnachweis

Titel: Blick über Limone sul Garda gen Süden, Richtung Monte Baldo
Foto: **Jahreszeiten Verlag** (Tim Langlotz)
Rücktitel: links: **Jahreszeiten Verlag** (Tim Langlotz); rechts: **seasons.agency** (Jalag/Tim Langlotz)

Alamy Stock Photo: Alex Friedel 127 – **AWL Images:** Marco Bottigelli 83 – **Gemeinfrei:** 11.1, 35, 136 – **Getty Images:** 58, 125 – **Huber Images:** Günter Gräfenhain 4/5, 94; Baviera Guido 6.1; Luca Da Ros 10.2; Franco Cogoli 12.3; Bachmann K. 34; Fantuz Olimpio 37; Sandra Raccanello 53.1; Franco Cogoli 59; Luigi Vaccarella 53.3, 62/63; Johanna Huber 66; Sandra Raccanello 69, 70; Christian Bäck 87 – **imago:** 60, 103 – **Jahreszeiten Verlag:** Tim Langlotz 8/9, 10.1, 17.2, 17.3, 38/39, 81 – **laif:** Berthold Steinhilber 13.1, 29; Frieder Blickle 101– **look foto:** Alex Tino Friedel 6.3; ClickAlps 12.1; Heinz Wohner 27; ClickAlps 42, 71, 84 – **mauritius images:** Isaac74/Alamy 13.3; Udo Siebig 17.1; David Tomlinson/Alamy 23; MARKA/Alamy 30; Isaac74/Alamy 33; Maria Breuer 47; Matthias Scholz/Alamy 48; Günter Gräfenhain 78; Novarc/Nico Stengert 90; Martin Cooke/Alamy 93; imageBROKER/Renato Bordoni 108/109; Cubo-Images/Marco Simonini 117 – **Paul VI Center:** Mauro Pini 121 – **Picture Alliance:** Arco Images 122 – **seasons.agency:** Jalag/Klaus Bossemeyer 14/15; Jalag/Tim Langlotz 2.1, 2.2, 5.1, 6.2, 7, 9, 11.3, 118, 114 – **Shutterstock.com:** Danny Iacob 11.1; Kiev Victor 12.2; RoaringPhotos 13.2; Yasonya 21; iryna1 35; Catarina Belova 43; meunierd 44/45; Natalia Macheda 53.2; xbrchx 57; Marco Saracco 72; Sergey Dzyuba 77; Daniele Novati 89; mese.berg 97; Roberto Binett 98; Alberto Masnovo 104; MNStudio 106; BNF-Work 113; Photofollies 116 – **stock.adobe.com:** Maurizio Rovati 24; Harald Florian 51; imagesef 54; blantiag 114 – **Ullstein Bild:** Caro/Lederbogen 11.2

Impressum

Herausgeber: GRÄFE UND UNZER Verlag GmbH, Postfach 86 03 66, 81630 München
Leitender Redakteur: Benjamin Happel
Autoren: Max Fleschhut, Gottfried Aigner
Verlagsredaktion: Katja Tegler (verantw.), Nora Köpp, Gernot Schnedlitz, Nadia Turszynski
Lektorat: Stefan Engert für Intermag Publishing GmbH, München
Satz: Angelika Wagener und Klaus-Dieter Storost für Intermag Publishing GmbH, München
Bildredaktion: Dr. Nafsika Mylona
Schlusskorrektur: Andrea Lazarovici
Reihengestaltung: Eva Stadler
Kartografie: Kunth Verlag GmbH & Co. KG, München
Herstellung: Mendy Willerich
Druck: Drukarnia Dimograf Sp z o.o. (Polen)

Ansprechpartner für den Anzeigenverkauf:
KV Kommunalverlag GmbH & Co. KG, MediaCenter München,
Tel. 089/928 09 60

Ein Unternehmen der
GANSKE VERLAGSGRUPPE

ISBN 978-3-95689-378-0
1. Auflage 2018

© 2018 GRÄFE UND UNZER VERLAG GmbH, München
ADAC Reiseführer Markenlizenz der ADAC Verlag GmbH & Co. KG, München

LESERSERVICE
adac@graefe-und-unzer.de
Tel. 00800/72 37 33 33 (gebührenfrei in D, A, CH)
Mo–Do: 9–17 Uhr, Fr: 9–16 Uhr

Bei Interesse an maßgeschneiderten B2B-Produkten:
gabriella.hoffmann@graefe-und-unzer.de

SARTORI
DI VERONA

Sartori,
edle Weine
im Namen
von Verona.

Die Faszination einer Geschichte,
die enge Verbundenheit mit einem Territorium,
die Kraft einer Persönlichkeit in Weinen verkörpert,
die mit Eleganz der ganzen Welt die Größte der Liebesgeschichten erzählt:
die für Verona.

Don't drink and drive!

Vinothek: Pedemonte, via Campostrini 24/B

Info:
sartori@sartorinet.com
www.sartorinet.com

Unterwegs am Gardasee

Den See umrunden

Wer glaubt, den Gardasee mit dem Wagen mal schnell umrunden zu können, wird meist eine böse Überraschung erleben. Das Verkehrsaufkommen während der Saison ist großstadtmäßig, in der nördlichen wie auch südlichen Hälfte.

Mit der Fähre

Dann lieber die Autofähren der Navigarda nehmen: ganzjährig zwischen Torri del Benaco im Osten und Maderno im Westen, nur zur Saison zwischen Limone im Westen und Malcesine im Osten sowie in ganzer Seelänge zwischen Riva im Norden und Desenzano im Süden.

■ Details www.navlaghi.it

Mietboote ohne Führerschein

Der Norden des Sees ist für private Motorboote tabu, aber in der südlichen Hälfte dürfen sie, mit vorge-schriebenem Abstand zum Ufer, gefahren werden, je nach Größe mit oder ohne Bootsführerschein.

■ Details zum Boostsverleih Seite 133

Auf den Höchsten

Den Monte Baldo bezwingt man mit der supermodernen Seilbahn von Malcesine, die fast ganzjährig fährt und im Sommer auch Fahrräder mitnimmt.

■ Details https://funiviedelbaldo.it und Seite 21

Nur für echte Fahrfreaks

Die Strada della Forra vom See auf die Hochebene von Tremosine hinauf sollte nur wählen, wer Freude am Fahren in unübersichtlichen Kurven unter überhängenden Felswänden findet. Und der Beifahrer wähnt sich schon knapp über dem Abgrund.

■ Details Seite 82